Entstehung und Beendigung
des
Bergwerkseigentums
nach dem
in Elsaß-Lothringen geltenden Rechte.

Von

Dr. Otto Kusenberg.

Straßburg.
Verlag von Karl J. Trübner.
1905.

M. DuMont-Schauberg, Straßburg.

Die vorliegende Arbeit wurde im Anfang des Jahres 1904 geschrieben. Wichtige Begebenheiten haben sich inzwischen in Preußen auf dem Gebiete des Bergbaus zugetragen; die Hibernia-Angelegenheit, die Stillegung der Zechen im Ruhrrevier, der Streik und im Anschluß an diesen die Abänderungsvorschläge der Regierung zum preußischen Berggesetz. Die bedeutsamste Folgeerscheinung dieser letztern dürfte für Elsaß-Lothringen zunächst darin bestehen, daß das Zustandekommen eines Reichsberggesetzes, das noch vor Jahresfrist möglich, wenn nicht wahrscheinlich war, für absehbare Zeit vollkommen ausgeschlossen erscheint.

Sollten für das Reichsland ähnliche gesetzgeberische Maßnahmen wie die beiden preußischen Bergnovellen besonders im Sinne der Einführung eines Betriebszwanges und einer Verschärfung der Bestimmungen über die Bergwerksentziehung erforderlich werden, so könnte die vorliegende Zusammenstellung der hinsichtlich des Bergwerkseigentums in Elsaß-Lothringen geltenden Gesetzesvorschriften vielleicht von Nutzen sein.

Inhalts-Verzeichnis.

Einleitung.

Das Bestehen eines vom Eigentumsrecht am Grund und Boden unabhängigen Bergwerkseigentums muß auf den ersten Blick ebenso befremden, wie die Existenz eines besonderen Bergrechts neben den allgemeinen Gesetzesvorschriften für die bebauten und unbebauten Teile der Erdoberfläche, die Grundstücke. Denn da jeder Grundeigentümer zweifellos berechtigt ist, auf seinem Hofe einen Brunnen zu graben, auf dem Felde Ziegeleien anzulegen, aus Kies-, Lehm- und Sandgruben das Material abzufahren, so ist anscheinend mit dem Eigentum eines Teiles der Erdoberfläche ein gleiches Recht an dem senkrecht unter diesem gelegenen Raume verbunden, einem Raume, welcher die Gestalt eines Prismas oder vielmehr die einer Pyramide hat, deren Basis von dem in Frage kommenden Grundstück gebildet wird, während die Spitze im Erdmittelpunkte liegt.

Indessen führt die Forschung nach den ältesten Normen des Bergrechts keineswegs auf diesen vielfach aus der Natur der Sache und den ursprünglichsten Rechtsanschauungen abgeleiteten Grundsatz. Vielmehr ist aus den lückenhaft erhaltenen bergrechtlichen Bestimmungen des frühesten Mittelalters meist zu entnehmen, daß man in Deutschland sowohl wie auch in vielen anderen Ländern schon frühzeitig die finanziellen und volkswirtschaftlichen Nachteile erkannt hat, welche eine derartige Rechtsbildung hätte im Gefolge haben müssen. Ein rationeller, intensiver Bergbau, der die Schätze des Bodens vollkommen erschließt und in Verkehr setzt, wird durch eine derartige Gesetzgebung unverhältnismäßig erschwert, und es bedingen daher die Interessen der Volkswirtschaft eine Durchbrechung der allgemeinen, der Hebung des Volkswohls hinderlichen Rechtsregeln. Nach der von Schenkel [1]) vertretenen Auffassung war es in den Anfängen der deutschen Geschichte der König, welcher kraft regalen Rechts befugt war, die wertvolleren Mineralien zu gewinnen oder in seinem Namen durch die höchsten Beamten des Landes gewinnen zu lassen. Ähnlich Achenbach [2]), welcher auf einem anderen Wege zu dem gleichen Ergebnis gelangt, indem er annimmt, daß sich aus dem ursprünglichen Rechte der Gemeindegenossen an der Almend die Bergbaufreiheit entwickelt habe.

Die erste Blüte des deutschen Bergbaus zur Zeit der Hohenstaufischen Kaiser sowohl wie auch die zweite Glanzperiode im 16. und 17. Jahrhundert veranlaßte eine Ausbreitung der deutschrechtlichen Anschauung weit über die Grenzen des Reiches hinaus bis nach Asien und sogar nach Amerika, wo sich noch heute in den Berggesetzgebungen von Mexiko und Peru die Spuren des deutschen Einflusses nachweisen lassen.

Ein Umschwung der allgemeinen Rechtsanschauung vollzog sich gegen Ende des 18. Jahrhunderts [3]), als Adam Smith

---

[1]) Bergbau in Schönberg, Volkswirtschaftslehre II, 1, S. 429.

[2]) Deutsches Bergrecht, S. 70ff.

[3]) W. Raymond, Geschichte des Bergrechts in der Zeitschr. f. Bergrecht Bd. 28, S. 48ff. u. Schenkel in Schönbergs Handb. d. pol. Ökonomie Bd. II, 1, S. 428ff.

seine Lehre von der Unzweckmäßigkeit des staatlichen Eingreifens in den Wirtschaftsbetrieb der Völker proklamierte. Mit deren Anerkennung war nicht nur für England und Nordamerika die Ära der Bergbaufreiheit beendet, auch Kaiserin Katharina von Rußland und der Großherzog von Toskana hoben der neuen Theorie zuliebe das bis dahin in Geltung gewesene Bergregal auf.

In Frankreich[1]) versuchte die National-Versammlung im Jahre 1791, indem sie die nutzbaren Mineralien grundsätzlich für Nationaleigentum erklärte, einen Ausgleich zwischen dem seitherigen Regalrecht und den neuen Forderungen der revolutionären Ära unter gleichzeitiger Berücksichtigung einzelner Ansprüche der Grundeigentümer. Die französische Gesetzgebung schwankte dann zwei Jahrzehnte hindurch, bis sie ihren Abschluß durch das mit wenigen Abänderungen noch gültige Berggesetz vom 21. April 1810 erhielt. Dieses Gesetz, dessen einzelne Bestimmungen im Vergleich zu der heute in Elsaß-Lothringen bestehenden Rechtsordnung besonders zu erörtern sein werden, statuiert im allgemeinen die Erwerbung des Bergwerkseigentums auf dem Wege der Verleihung durch das Staatsoberhaupt, ohne daß dem Grundeigentümer ein Vorrecht auf Konzessionserteilung eingeräumt würde. Auch hat der Bewerber keinerlei Anspruch auf die Verleihung, über welche vielmehr durch die Verwaltungsbehörden nach freiem Ermessen entschieden wird.

Die französischen Gesetze blieben nach dem Jahre 1815 in den linksrheinischen Gebietsteilen Preußens in Geltung, wäh-

---

[1]) Achenbach in der Zeitschr. f. Bergrecht Bd. 2. S. 601, Bd. 3, S. 222 ff.

rend auf dem rechten Rheinufer das im wesentlichen auf der Grundlage des Erstfinderrechts und der Bergbaufreiheit aufgebaute System des allgemeinen Landrechts und der verschiedenen provinziellen Bergordnungen maßgebend war. Auf den deutschrechtlichen Grundsätzen des Landrechts beruht auch im wesentlichen das Allgemeine Berggesetz für die preußischen Staaten vom 24. Juni 1865, das nur in wenigen Punkten, wie z. B. der Beseitigung der Staatsbevormundung über den Privatbergbau, französischen Einfluß zeigt.

Wie das preußische Berggesetz im weitaus größten Teile Deutschlands, in Bayern, Württemberg, Hessen und Braunschweig für die Landesgesetzgebung vorbildlich geworden ist, so beruht auch die Grundlage des heute im Reichslande geltenden Bergrechts, das Berggesetz für Elsaß-Lothringen vom 16. Dezember 1873, auf der preußischen Rechtsordnung; die Unterschiede sind teils redaktioneller Natur, zum Teil sind sie durch die Verschiedenheiten der beiden Länder bedingt, oder aber sie beruhen auf den Erfahrungen, welche bei Anwendung der preußischen Gesetze in der Zeit von 1865—1873 gesammelt werden konnten.

Das Bürgerliche Gesetzbuch hat das Bergrecht auf die „Verlustliste der deutschen Rechtseinheit" gesetzt, indem es in Art. 67 E. G. die landesgesetzlichen Vorschriften für unberührt erklärt. Nur hilfsweise kommen nach demselben Artikel für die Regelung der Entschädigungspflicht dem Grundeigentümer gegenüber die Art. 52 und 53 E. G. zur Anwendung, soweit die Landes-Gesetze den Gegenstand nicht erschöpfend geregelt haben.

Eine wesentliche Ergänzung indessen findet das Berggesetz

in den Ausführungsgesetzen zum B.G.B., zur Grundbuchordnung und zum Reichsgesetz über die Zwangsversteigerung und Zwangsverwaltung, welche das Landesbergrecht in den Rahmen der Reichsgesetze einfügen. Wenn diese einerseits die privatrechtlichen Verhältnisse des Bergwerkseigentums in weit höherem Maße beeinflussen, als es nach dem genannten Art. 67 den Anschein hat, so ergibt sich andererseits aus der Betrachtung, daß für die Gestaltung der bergrechtlichen Verhältnisse Reichs- und Landesrecht in organischem Zusammenhang stehen und stehen müssen, die Berechtigung der auf eine Neuregelung des deutschen Bergrechts im Wege der Reichsgesetzgebung gerichteten Bestrebungen.

Zur Zeit werden 93 %[1]) des Deutschen Reiches materiell vom preußischen Bergrecht beherrscht, die übrigen 7 % werden gebildet durch das Königreich Sachsen, das Großherzogtum Sachsen-Weimar und Schwarzburg-Sondershausen. Die untereinander im wesentlichen einstimmenden Gesetze dieser Staaten beruhen auf dem dem gemeinen deutschen Bergrecht nachgebildeten sächsischen System, auf dessen Abweichungen von den elsaß-lothringisch-preußischen Grundsätzen im einzelnen hinzuweisen sein wird.

Das elsaß-lothringische Berggesetz gibt ebensowenig wie das preußische eine Definition für den Begriff des Bergwerkseigentums als solchen. Daß die Bezeichnung das Wesen der Sache nicht trifft, wird in den Motiven zum preußischen Entwurf[2]) ausdrücklich anerkannt: „Um nicht ohne dringende Veranlassung von dem seitherigen geläufigen Sprachgebrauch

[1]) Schenkel, S. 434.

[2]) Hahn, Allgemeines Berggesetz für die Preußischen Staaten, S. 30.

abzuweichen", heißt es dort, „behält der Entwurf zur Bezeichnung der Bergbauberechtigung den Ausdruck „Bergwerkseigentum" bei, läßt aber im übrigen keinen Zweifel darüber, daß es sich bei dieser zu den unbeweglichen Sachen zählenden Bergbauberechtigung, wie auch gegenwärtig allgemein anerkannt wird, um einen Inbegriff sehr verschiedenartiger, zum Teil singulärer Rechte handelt, durch welche dieselbe sich von dem zivilrechtlichen Eigentum charakteristisch unterscheidet". In dem vorläufigen Entwurfe aus dem Jahre 1862 war statt des Wortes „Bergwerkseigentum" die Bezeichnung „Bergbaurecht" gewählt worden.

In demselben Sinne erklärt Molitor[1]), daß wenn im bisherigen Rechte das Bergwerkseigentum den Grundstücken gleichgestellt werde (§§ 41 und 42 des Gesetzes), es seinem Wesen nach nicht Grundeigentum, sondern vielmehr nur eine Berechtigung an fremdem Eigentum sein könne. „Die Gleichstellung", heißt es weiter, „ist daher nur in dem Sinne zu verstehen, in welchem reichsgesetzlich das Erbbaurecht den Grundstücken gleichgestellt ist. Diese Parallele findet in der Gesetzgebung selbst ihre Begründung, indem § 1017 B.G.B. das Erbbaurecht den für Grundstücken gegebenen Bestimmungen unterstellt, § 81 des Ausführungsgesetzes aber mit fast den gleichen Worten die nämliche Anordnung für das Bergwerkseigentum trifft; in Art. 68 des Einführungsgesetzes zum B.G.B. endlich wird für den Abbau eines den bergrechtlichen Vorschriften nicht unterliegenden Minerals auf die für das Erbbaurecht gegebenen Bestimmungen verwiesen.

[1]) Das Gesetz betreffend die Ausführung des Bürgerlichen Gesetzbuchs in Elsaß-Lothringen erläutert von Hugo Molitor, S. 196f.

Bei der nachfolgenden Zusammenstellung der gesetzlichen Vorschriften über Entstehung und Endigung des Bergwerkseigentums nach dem in Elsaß-Lothringen geltenden Rechte kann im allgemeinen unter Zugrundelegung des Gesetzes von 1873 die Legalordnung eingehalten werden. Die im 7. und 9. Titel enthaltenen Vorschriften über Knappschaftswesen und Bergpolizei und der größere Teil der Übergangs- und Schlußvorschriften des 10. Titels bleiben hierbei außer Betracht, wogegen die neuen Bestimmungen der Ausführungsgesetze zum B.G.B., zur Grundbuchordnung und zum Reichsgesetz über die Zwangsversteigerung und Zwangsverwaltung an geeigneter Stelle einzuschalten sind.

Zum ersten Titel.

Die einleitenden Bestimmungen des Gesetzes.

§ 1 des Berggesetzes beginnt mit den Worten:

„Die nachstehend bezeichneten Mineralien sind von dem Verfügungsrechte des Grundeigentümers ausgeschlossen ....“. Damit ist eines der Hauptprinzipien des elsaß-lothringischen Bergrechts festgestellt: die grundsätzliche Trennung der Bergbauberechtigung vom Grundeigentum. Ihre wirtschaftliche Begründung findet dieselbe in dem Umstande, daß nur durch Lösung des Bergbaurechts von dem Zusammenhang mit den Grundeigentumsbefugnissen es möglich wird, die Ausbeutung der Mineralschätze denjenigen Personen zu sichern, welche durch Vorbildung, Unternehmungslust und Kapitalbesitz am meisten zu deren Erforschung und Gewinnung befähigt sind. Diese Grundlage gestattet eine zweckmäßige Gestaltung des Grubenfeldes unter Einschränkung der zeitraubenden Verhandlungen mit einer großen Zahl von Grundeigentümern, welche von dem Vorhandensein der betreffenden Bodenschätze meist keine Kenntnis haben und ihr Eigentum seiner Zeit ohne Rücksicht auf diese erwarben.

In rechtlicher Hinsicht steht die durch die Eingangsworte des Gesetzes begründete und zunächst in weiterem Sinne zu verstehende Bergbaufreiheit im Einklang mit den Grundsätzen des Bürgerlichen Gesetzbuches, dessen § 905 S. 2 zufolge der Eigentümer Einwirkungen auf sein Grundstück nicht verbieten kann, welche in solcher Tiefe vorgenommen werden, daß er an deren Ausschließung kein Interesse hat. Wohl erworbene Rechte werden durch beide Gesetze nicht verletzt, da in Elsaß-Lothringen, wie oben gesagt, bis zum Jahre 1791 das Bergregal bestand, und nach dessen Aufhebung die Konzession zum Bergbau im wesentlichen unabhängig vom Grundeigentum verliehen wurde. Sollte im übrigen ein Grundeigentümer die Absicht, ebenso wie Fähigkeiten und Mittel besitzen, die unter seinem Grund und Boden verborgenen Mineralschätze selbst auszubeuten, so hindert ihn nichts, das Recht hierzu auf dem gesetzlichen Wege zu erwerben, wobei ihm dem Nichtgrundeigentümer gegenüber zudem gewisse unten näher zu bezeichnende Erleichterungen gewährt werden.

Die Mineralien, deren Aufsuchung und Gewinnung den Bestimmungen des Berggesetzes unterliegt, sind: Gold, Silber, Quecksilber, Eisen, Blei, Kupfer, Zinn, Zink, Kobalt, Nickel, Arsenik, Antimon, Schwefel, Alaun- und Vitriolerze, Steinkohle, Braunkohle, Graphit und Bitumen, endlich Steinsalz nebst den mit diesem auf derselben Lagerstätte vorkommenden Salzen und Solquellen.

Das Bitumen, welches im Gegensatze zu dem preußischen Berggesetze Aufnahme in der Liste gefunden hat, kommt im Reichslande im flüssigen Zustande als Petroleum, im festen als Asphalt und bituminöser Schiefer vor. Die Einbeziehung der Nicht-Steinsalze ist auf die Verwendung zurückzuführen, welche in der Zeit, kurz vor Erlaß des Gesetzes die Abraumsalze, insbesondere das Kali- und Magnesiasalz im übrigen Deutschland gefunden hatten, weshalb zur Vermeidung späterer Schwierigkeiten deren Unterwerfung unter die Grundsätze des Bergrechts angezeigt erschien.

In formeller Beziehung dürfte die erschöpfende namentliche Aufzählung der vom Gesetze erfaßten Mineralien gegenüber der allgemein gehaltenen sächsischen Bezeichnung. „Mineralien, welche wegen ihres Metallgehaltes nutzbar sind", den Vorzug verdienen, da sie für Zweifel in dieser Hinsicht keinen Raum läßt. Gleichzeitig liegt materiell in der Aufstellung des Verzeichnisses der wesentlichste Unterschied zwischen elsaß-lothringisch-preußischem und sächsischem Bergrecht, da das letztere die Stein- und Braunkohlen nicht dem Berggesetze unterstellt, dieselben vielmehr der Verfügung des Grundeigentümers beläßt.

Im Gegensatz zu dem französischen Gesetz macht das deutsche keinen Unterschied zwischen den eigentlichen Bergwerken, den Gräbereien und den Steinbrüchen, den mines, minières und carrières. Die letzteren scheiden ohne weiteres aus dem Geltungsbereiche des Gesetzes aus, zudem ist durch Ministerialerlaß vom 18. November 1892 auch die Aufsicht über deren Betrieb, welcher bis dahin den Bergmeistern zustand, den Gewerbeaufsichtsbeamten übertragen worden; ebenso von den Gräbereien die Torfstiche und die „terres pyriteuses propres à être converties en sulfate de fer et les terres alumineuses", deren Verwertung stillschweigend dem Grundeigentümer überlassen wird. Nur der dritte Gegenstand der minières, die Eisenerze, findet in § 2 eine besondere Berücksichtigung, indem der Tagebau auf solche dem

Grundeigentümer vorbehalten bleibt, vorausgesetzt, daß diese Gewinnung den unterirdischen Abbau nicht unmöglich macht. Dieser Vorbehalt zugunsten des Grundeigentümers bildet zwar an sich eine nicht eben wünschenswerte Durchbrechung der allgemeinen Grundregel des Gesetzes[1]), da es sich indessen um langjährige Rechte handelte, deren Aufhebung ohne Entschädigung der davon Betroffenen nicht angängig gewesen wäre, so konnte, da zwingende Gründe zu einer Änderung nicht vorlagen, der frühere Rechtszustand beibehalten werden.

[1]) Brassert Erläuterungen zum Berggesetz von Elsaß-Lothringen in der Zeitschr. f. Bergrecht, Bd. 15, S. 47.

Zum zweiten Titel.

Von der Erwerbung des Bergwerkseigentums.

Allgemeine Grundsätze.

Der zweite Titel des Berggesetzes regelt ausschließlich die ursprüngliche (originäre) Erwerbung des Bergwerkseigentums im Wege der staatlichen Verleihung auf der Basis der preußischen Grundsätze. Auf die abgeleitete privatrechtliche Erwerbung finden die Bestimmungen des Titels keine Anwendung, vielmehr ist diese an anderer Stelle des Gesetzes durch Verweisung auf das Bürgerliche Recht geordnet. Gegen den früheren Zustand des französischen Rechts enthält das Berggesetz eine wesentliche Veränderung insofern, als jenes das Finderrecht und den Anspruch des Muters auf Verleihung nicht kannte, indem beide durch das Ermessen der Verwaltungsbehörde ersetzt wurden. Um dem neuen Bergwerkseigentümer möglichst bald volle Sicherheit gegen Ansprüche Dritter zu gewähren, sieht das Gesetz kurze Ausschlußfristen vor, die andererseits für die Geltendmachung tatsächlich bestehender Rechte genügen.

Die nicht zu verkennende und auch vom Gesetze gewollte Bevorzugung der Bergbauberechtigung dem Grundeigentum gegenüber findet ihre Motivierung in der erhöhten wirtschaftlichen Bedeutung, welche dem Bergbau im Vergleich zur Kultivierung der Erdoberfläche zukommt. Das Ertragsverhältnis der beiden Betriebsarten erhellt aus der einen Tatsache, daß in Westfalen ein Bergwerksfeld von 600 Hektaren in einem Jahre eine Ausbeute von 1 Million Mark geliefert hat[1]), also etwa das hundertfache des Ertrages, welchen der Ackerbau in gleichem Zeitraume geboten hätte. Bei einem Widerstreit der Interessen muß deshalb das Grundeigentum dem wirtschaftlich stärkeren Bergbau weichen, wenn auch gegen volle Entschädigung. Das Gesetz prüft in jedem einzelnen Falle, welche Bestimmungen zur Förderung des Bergbaues möglich und welche gleichzeitig zum Schutze und zur Wahrung der Rechte des Grundeigentümers notwendig sind. Die Erwerbung des Bergwerkseigentums ist dementsprechend in der Weise geregelt, daß schon das Aufsuchen des Minerals, wenn es zum Ziele geführt hat, an sich bestimmte Rechte gewährt, das Risiko eines Bergwerksunternehmens somit auf dasjenige Maß beschränkt wird, welches mit seinem Wesen untrennbar verbunden ist.

Bei der Erwerbung des Bergwerkseigentums unterscheidet das Gesetz im Anschluß an die Grundsätze des preußischen allgemeinen, sowie des älteren rechtsrheinischen Berggesetzes die drei Stadien des Schürfens, Mutens und Verleihens; im vierten Abschnitte schließen sich hieran die Bestimmungen über das Vermessen, durch welches das Verleihungsgeschäft seinen Abschluß findet.

---

[1]) Westhoff in der Zeitschrift für Bergrecht, Bd. 41, S. 72.

Zum ersten Abschnitt.

Vom Schürfen.

Das Schürfen definieren die Motive zum preußischen Regierungsentwurf [1]) als das Aufsuchen der dem Berggesetze unterworfenen Mineralien auf ihren natürlichen Ablagerungen, geschehe dieses nun mittelst Arbeiten an der Oberfläche (Schürfen im engeren Sinne), oder mittelst Bohrlöcher, Schächte, Stollen und anderer unterirdischer Arbeiten.

Das elsaß-lothringische Gesetz gestattet nach dem Muster des preußischen das Schürfen nach erfolgter Zustimmung des Grundbesitzers bezw. Eigentümers ohne jede weitere Förmlichkeit, wogegen im Gebiete des sächsischen Rechts die vorherige Erwerbung eines Schürfscheins verlangt wird. Das letztere System bietet allerdings den Vorteil, daß speziell für die im Geltungsbereich des sächsischen Rechtes wichtigen Schürfarbeiten auf Salz, welche wegen der tiefen Lage des Minerals mit großen Kosten verbunden sind, das Feld mit Erteilung des Schürfscheins einstweilen für andere Schürfer geschlossen wird. Der Schürfer läuft also keine Gefahr, möglicherweise seine Bemühungen lediglich durch den schnelleren Erfolg eines Konkurrenten vereitelt zu sehen. Im Gebiete des preußischen Rechts hat sich indes ein Bedürfnis nach Einführung des Schürfscheins nicht fühlbar gemacht, und man hat deshalb auch für das elsaß-lothringische Gesetz davon abgesehen, um nicht einen gesunden und wohltätigen Wettbewerb zugunsten von eventuell mit langjähriger Feldessperre verbundenen Monopolen zu verhindern.

[1]) Hahn, S. 53.

Die vom Gesetze als Grundlage aufgestellte allgemeine Schürffreiheit ist natürlich nur mit gewissen Ausnahmen und Beschränkungen durchführbar, und zwar sind in dieser Beziehung drei Fälle zu unterscheiden. In erster Linie kommen die öffentlichen Verkehrsanstalten uud solche Anlagen in Betracht, bezüglich deren ein absolutes Verbot für Schürfarbeiten durch die Rücksichten auf die öffentliche Sicherheit und Ordnung sowie auf die Fernhaltung vou Störungen der Ruhe gerechtfertigt ist, nämlich öffentliche Straßen und Plätze, Eisenbahnen und Friedhöfe. Unbedingt verboten ist sodann das Schürfen auf anderen Grundstücken, wenn nach Entscheidung der Bergbehörde überwiegende Gründe des öffentlichen Interesses entgegenstehen, wo also etwa die Integrität einer gemeinnützigen Mineralquelle, einer Deich- oder Befestigungsanlage[1]), gefährdet werden könnte. Endlich schützt das Gesetz, einem alten Bergrechtssatze entsprechend, Tisch, Bett und Feuerstatt, d. h. es soll der Grundeigentümer zur Gestattung von Schürfarbeiten niemals gesetzlich verpflichtet sein unter Gebäuden und den dazu gehörigen Grundstücken in einem Umkreis um erstere von 60 Metern, unter Gärten und eingefriedigten Hofräumen. Erteilt dagegen der Grundeigentümer seine ausdrückliche Einwilligung, so stehen gesetzliche Gründe der Zulassung der Schürfarbeiten nicht entgegen. — Nach sächsischem Rechte kann sogar bei entsprechend überwiegender wirtschaftlicher Bedeutung der in Frage kommenden Interessen des Bergbaus der Eigentümer auch zur Abtretung

[1]) Leoni und Mandel, Das öffentliche Recht von Elsaß-Lothringen. II. Teil, Das Verwaltungsrecht, S. 259, Anm. 3.

der im preußischen Gesetze vorbehaltenen Privatgrundstücke gezwungen werden.

Ohne jede vorherige Förmlichkeit können Schürfarbeiten natürlich nur innerhalb der eigenen Eigentumsgrenzen gestattet sein; wer zu ihrer Ausführung fremden Grund und Boden benutzen will, hat hierzu die Erlaubnis des Grundbesitzers nachzusuchen. Ob hierunter der Eigentümer oder Nutzungsberechtigte zu verstehen ist, soll einem Urteile des preußischen Obertribunals[1]) zufolge, das auch für die neuen Begriffsbestimmungen von Eigentum und Besitz noch Geltung beanspruchen dürfte, nach den Umständen des Falles, insbesondere nach der Beschaffenheit und dem Umfange der beabsichtigten Schürfarbeiten, entschieden werden. Abgesehen von den in Rede stehenden Ausnahmen, muß der „Besitzer" das Schürfen unter seinem Grund und Boden gegen eine jährliche im voraus zu zahlende Entschädigung gestatten. Tritt durch die Benutzung eine Wertminderung des Grundstücks ein, so hat der Schürfer bei der Rückgabe den Minderwert zu ersetzen und auf Verlangen für die Erfüllung dieser Verpflichtung im voraus Sicherheit zu leisten. Bei Festsetzung der fraglichen Beträge finden die Grundsätze, nach welchen die für den eigentlichen Bergbaubetrieb dem Grundbesitzer zu gewährende Entschädigung festgestellt wird, entsprechende Anwendung; dieselben sind in Verbindung mit den Bestimmungen des fünften Titels näher zu erörtern.

Ein Enteignungsrecht steht dem Schürfer nicht zu, wohl aber kann umgekehrt der Grundeigentümer verlangen, daß

---

[1]) v. 13. Nov. 1876, Zeitschr. f. Bergrecht, Bd. 18, S. 407.

der Schürfer, statt ihm den durch die Benutzung verursachten Minderwert zu ersetzen, das Eigentum des Grundstücks erwirbt. Das gleiche Recht hat der Eigentümer dem Schürfer ebenso wie dem Bergwerksbesitzer gegenüber, wenn die Benutzung länger als drei Jahre andauert oder das Grundstück durch Teilabtretungen übermäßig zerstückelt wird.

Bei allen hierauf bezüglichen Verhandlungen ist ein Eingreifen der Behörden, da ja eine Erteilung von Schürfscheinen nicht in Frage kommt, im allgemeinen nicht erforderlich. Nur wenn sich Grundbesitzer und Schürfer über die Gestattung der Schürfarbeiten nicht einigen können, entscheidet in der Sache die Bergbehörde durch Beschluß. Durch einen solchen kann die Ermächtigung nicht deshalb versagt werden, weil der Grundbesitzer die Absicht kund gegeben hat, selbst Schürfarbeiten vorzunehmen [1]). Wird die Entscheidung der Behörde nur behufs Feststellung der zu leistenden Entschädigung bezw. Sicherheit angerufen, so ist gegen den Beschluß der Rechtsweg zulässig, durch dessen Beschreiten indes sobald die festgesetzten Beträge bezahlt, bezw. hinterlegt sind, die Schürfarbeiten nicht aufgehalten werden.

Im Interesse einer möglichst intensiven Ausnutzung der mineralischen Bodenschätze ist auch innerhalb schon vergebener Bergwerksfelder das Schürfen nach solchen Mineralien gestattet, für welche Rechte noch nicht verliehen sind, allerdings nur insoweit der Betrieb des bereits bestehenden Bergwerks nicht gestört oder gefährdet wird. Einer vorgängigen Erlaubnis des Bergwerksbesitzers bedarf der Schürfer nicht,

[1]) Rekursbescheid des preußischen Handelsministers vom 17. Nov. 1899 Zeitschr. f. Bergrecht, Bd. 41, S. 251.

doch kann jener Sicherheit für eine eventuell später zu leistende Entschädigung verlangen. Die bei Gelegenheit der Schürfarbeiten geförderten Mineralien gehören dem Schürfer.

In Ergänzung dieser Bestimmungen des Berggesetzes erklärt § 84 des Ausführungsgesetzes zum B. G. B. die Gebrauchs- und Nutzungsrechte, welche nach §§ 9, 22 und 121 des Berggesetzes im Wege des Zwangsverfahrens erworben werden können, — und zwar ist dies nach § 9 das Schürfrecht — für dingliche Rechte, welche auch ohne Eintragung in das Grundbuch durch Übergang des Besitzes als solche erworben werden. Aus der ratio dieser Gesetzesbestimmung ergibt sich sodann weiter [1]), daß die bezeichneten Rechte, — über die in den §§ 22 und 121 bestimmten wird später zu sprechen sein — nicht nur ohne Eintragung in das Grundbuch die Eigenschaft dinglicher Rechte erlangen, sondern auch zu ihrer Erhaltung gegenüber dem öffentlichen Glauben des Grundbuchs nicht der Eintragung bedürfen. — Diese Bestimmungen finden, wie die Motive zum preußischen Gesetz über den Eigentumserwerb vom 5. Mai 1872 betonen [2]), in der Ähnlichkeit der fraglichen Gebrauchs- und Nutzungsrechte mit den aus einem gewöhnlichen Pachtvertrage sich ergebenden Befugnissen ihre Begründung. Durch die Sichtbarkeit der notwendigerweise zu errichtenden Anlagen wie auch des gesamten Betriebes wird die Schädigung eines Dritterwerbers ausgeschlossen, dessen Stellung einem Nutzungsberechtigten gegenüber außerdem keine andere sein würde, als die des

---

[1]) Molitor a. a. O., S. 203.

[2]) Molitor zieht denselben Vergleich, S. 202, Anm.

Käufers eines auf längere Zeit fest verpachteten Grundstückes im Verhältnis zum Pächter.

Zum zweiten Abschnitt.

Vom Muten.

Als die Form, in welcher die Verleihung des Bergwerkseigentums zu begehren ist, hat das Gesetz die deutsch-rechtliche Mutung beibehalten. Es erschien dies zweckmäßig, da mit der Mutung ein bestimmter bergrechtlicher Begriff verbunden ist: sie stellt sich einerseits als das Gesuch um Verleihung dar, und gewährt andererseits einen Rechtsanspruch auf das zu verleihende Feld [1]).

Diese so bestimmte Rechtseigenart hat in der Literatur zu verschiedenartigen Definitionen der Mutung selbst sowohl wie der sich aus ihr ergebenden Rechte geführt. Klostermann [2]) bezeichnet sie als ein auflösend bedingtes Bergwerkseigentum, Achenbach als eine deutsch-rechtliche Gerechtigkeit, Koch als einen rein persönlichen, nicht klagbaren Anspruch auf Verleihung, während Baron [3]) die Mutung für eine juristische Handlung erklärt, die erst in Verbindung mit dem Gesamtprozesse der Verleihung den von den handelnden Personen beabsichtigten Erfolg bewirke. Brassert [4]) erscheinen die drei erstgenannten Versuche, das Recht aus der Mutung als einem

---

[1]) Begründung der Kommission des Abgeordnetenhauses zum preußischen Entwurf. 2. Titel, 2. Abschn.

[2]) Kommentar zum preuß. Bergges., 4. Aufl.

[3]) Zeitschr. f. Bergrecht, Bd. 19, S. 43.

[4]) Preuß. Berggesetz, S. 85.

2*

spezifisch bergrechtlichen Akte einem bestimmten zivilrechtlichen Begriffe anzupassen als aussichtslos, während er in der Definition Barons lediglich eine Variante des Gesetzestextes ohne eigene juristische Konstruktion erblickt.

Die Formvorschriften des Gesetzes hinsichtlich der Mutung sind die folgenden:

Das Gesuch um Verleihung des Rechts auf Ausbeutung eines gewissen Minerals in einem bestimmten Felde muß, wenn es nicht zu Protokoll erklärt wird, in zwei Exemplaren bei der Bergbehörde eingereicht werden. Die von dieser sofort nach Tag, Stunde und nötigenfalls Minute[1]) auf der Mutung selbst zu vermerkende Vorlegungszeit begründet vorbehaltlich etwaiger bessere Finderansprüche anderen Gesuchen gegenüber für die Mutung das Alter im Felde. Als notwendige Erfordernisse der Mutung verlangt das Gesetz Angabe von Namen und Wohnort des Muters, Bezeichnung des Minerals, dessen Abbau betrieben werden soll, ferner Angabe des Fundpunktes und des dem Bergwerke beizulegenden Namens. Die Bezeichnung des Fundpunktes, welche vom elsaß-lothringischen und preußischen Berggesetze im Gegensatz zum sächsischen erfordert wird, muß sich bei der amtlichen Untersuchung insoweit als zutreffend herausstellen, als bei dieser das angegebene Mineral auf seiner natürlichen Ablagerung in solchen Mengen nachzuweisen ist, daß es „vernünftigerweise“ zum Gegenstande eines Bergbaus gemacht werden kann[2]). Einer tonigen und sandigen Masse beigemengte geringe und kaum erkennbare Spuren von Steinkohle

[1]) Brassert, S. 87, Anm. d.

[2]) Brassert, S. 83.

sind allerdings als ein den Erfordernissen des Gesetzes genügendes Steinkohlenvorkommen ebensowenig anzusehen [1]), wie der Nachweis eines von jüngeren Gebirgsschichten überdeckten Steinkohlenflözes von nur 20 cm Mächtigkeit [2]). In gleicher Weise kann auf ein Mineral, welches in der Hauptsache aus Kalksteinen besteht und nur geringe Spuren von eingesprengtem Bleierz enthält [3]), oder auf einzelne dünnblättrige Bleierzausscheidungen [4]) eine Mutung auf Blei nicht gestützt werden.

Mit dem Nachweise der absoluten Bauwürdigkeit ist indessen den Erfordernissen des Gesetzes Genüge geschehen, so daß beispielsweise, wie durch Beschluß des Ministeriums für Elsaß-Lothringen vom 28. Juli 1897 und durch Rekursbescheid des Kaiserlichen Statthalters vom 7. April 1898 [5]) festgestellt werden konnte, zum Begriff einer Solquelle im Sinne des Berggesetzes nicht das Bestehen einer im Bohrloch aufsteigenden Quelle erforderlich ist, es vielmehr genügt, wenn es möglich war, aus dem Loche Sole von hinreichender Grädigkeit in angemessener Menge herauszupumpen.

Von der voraussichtlichen Rentabilität des beabsichtigten Unternehmens sich zu überzeugen, überläßt das deutsche Gesetz den an dem Bergwerk wirtschaftlich Beteiligten, während nach französischem Recht auch von dieser, der relativen Bauwürdigkeit, die Behörden die Konzessionserteilung abhängig machen sollen. Wird eine Mutung auf das Mineralvor-

---

1) Rekursbescheid v. 9. Sept. 1899, Zeitschrift Bd. 41, S. 119.

2) Desgl. v. 1. Juni 1900, Zeitschr. Bd. 41, S. 504.

3) Desgl. v. 10. Nov. 1899, Zeitschr. Bd. 41, S. 249.

4) Desgl. v. 26. April 1900, Zeitschr. Bd. 41, S. 503.

5) Die Veranlassung bildete die Solquellenmutung Leonhard I bei Schopperten, Zeitschrift, Bd. 40, S. 120 ff.

kommen in einem verlassenen Bergwerk eingelegt, so bedarf es zur Gültigkeit derselben keiner entsprechenden Nachweise; die Mutung ist indessen ungültig, wenn das in derselben genannte Mineral gänzlich abgebaut ist. Im übrigen ist eine Mutung auf ein verlassenes Bergwerk erst zulässig, nachdem das Eigentum an demselben formell aufgehoben ist. Fehlt es an dieser Voraussetzung, so ist die Mutung wegen mangelnder Feldesfreiheit ungültig, auch wenn ein Betrieb in dem Felde nicht stattfindet[1]).

Die Mutung ist ferner nur gültig, wenn nicht bessere Rechte Dritter auf den Fund entgegenstehen und wenn vor dem Ablauf von sechs Wochen nach der Präsentation Lage und Größe des begehrten Feldes angegeben und ein von einem Markscheider oder Feldmesser angefertigter Situationsplan vorgelegt wird. Geringfügige Verschiebungen der zu Anfang angegebenen Feldesgrenzen sind hierbei nicht ausgeschlossen, hingegen ist die mit Hülfe einer chikanösen Änderung des Mutungsfeldes auf einen fremden Fund eingelegte Mutung von Anfang an ungültig[2]).

Das gemutete Feld wird von der Bergbehörde auf die Revierübersichtskarte aufgetragen, deren Einsicht behufs Feststellung etwaiger entgegenstehender Rechte jedermann gestattet ist. Gegen fernere, unabhängig von der ersten eingelegte Mutungen Dritter hingegen bleibt das begehrte Feld für die Gültigkeitsdauer der ersten Mutung geschlossen. Versuchs-

[1]) Rekursbescheid des preußischen Handelsministers v. 10. April 1902, Zeitschr., Bd. 44, S. 158.

[2]) Gemeinschaftl. Beschluß der Ober-Bergämter Bonn und Dortmund v. 4. bezw. 18. Sept. 1899, Zeitschr., Bd. 41, S. 247.

arbeiten, welche der Muter etwa noch vor der Verleihung ausführt, unterliegen denselben Vorschriften, wie die Arbeiten des Schürfers und genießen auf Grund von § 84 A.G.B.G.B. die nämlichen dort angegebenen Vergünstigungen.

„Die den gesetzlichen Erfordernissen entsprechende Mutung begründet einen Anspruch auf Verleihung des Bergwerkseigentums . . ." Diese Bestimmung des § 27 proklamiert die eigentliche Bergbaufreiheit auf der Grundlage der in § 1 des Gesetzes angeordneten Trennung von Grundeigentum und Bergbauberechtigung. Während aber diese Trennung schon auf Grund der französischen Gesetze in Elsaß-Lothringen geltendes Recht war, hat das Berggesetz vermittelst des durch die Mutung begründenden Rechtsanspruchs auf Verleihung eine wesentliche Änderung der bis dahin geltenden Normen herbeigeführt. Das freie Ermessen der französischen Verwaltungsbehörden erstreckte sich nicht nur auf die Befugnis, den Antrag auf Verleihung zu genehmigen oder abzulehnen, sondern es umfaßte auch das Recht, unter mehreren Bewerbern nach Belieben den zu Beleihenden auszuwählen, Größe und Gestalt des Feldes zu bestimmen, und, wie bereits erwähnt, von vornherein den Nachweis der relativen Bauwürdigkeit gleichzeitig mit der Einreichung eines im voraus aufzustellenden Betriebsplans zu verlangen. Alle diese Verhältnisse regelt das elsaß-lothringische Gesetz in einer Weise, welche dem Muter von Anbeginn an ein gesichertes Recht auf den eventuellen Erfolg seiner Arbeit und des von ihm aufgewendeten Kapitals sowohl wie auch jeden denkbaren Schutz gegen eine Beeinträchtigung seiner Rechte durch einen Akt der Verwaltungswillkür gewährt. Gleichwohl entspricht es der Stellung der Staatsbehörden Privatunternehmern gegenüber, wenn Ansprüche gegen die verleihende Behörde nur vermittelst des Verwaltungsrekurses, nicht aber auf dem Rechtswege geltend gemacht werden können. Letzteres ist vielmehr nur gegen andere Bewerber gegeben, welche ein besseres Recht als der Muter zu haben behaupten.

Zum dritten Abschnitt.

Vom Verleihen.

Die Verleihung des Bergwerkseigentums bedeutet die staatliche Anerkennung des dem Muter zustehenden Rechtsanspruchs. Dieselbe ist im Gesetze in der folgenden Weise geregelt:

Zunächst werden als Muter drei Klassen von Personen bevorzugt, nämlich

1. Der Grundeigentümer,
2. Der hinsichtlich eines anderen Minerals in dem betreffenden Gelände schon zum Bergbau Berechtigte und
3. Wer durch Schürfarbeiten, welche nach Vorschrift der gesetzlichen Bestimmungen unternommen sind, ein Mineral auf seiner natürlichen Ablagerung entdeckt.

Da das Finderrecht zur Belebung und Förderung von Aufsuchungsarbeiten dienen soll, so durfte ein auf dasselbe gegründeter Anspruch nur demjenigen zugesichert werden, welcher in der Absicht, ein Mineralvorkommen zu entdecken, rationelle, den Vorschriften des Gesetzes nicht zuwiderlaufende Schürfarbeiten unternimmt. Für den zufälligen Finder muß, da bei ihm diese Begründung nicht zutrifft, ein besonderes Finderrecht durch anderweitige Umstände motiviert werden [1]).

Legt der einer der drei genannten Personenklassen angehörige Finder innerhalb einer Woche nach seiner Entdeckung Mutung ein, so hat er als Finder das Vorrecht vor anderen nach dem Zeitpunkte seines Fundes eingelegten Mutungen: „Der erste Finder, der erste Muter“. Außerdem hat der Bergwerkseigentümer in seinem Feldkreis ein Vorrecht zum Muten anderer Mineralien, die aus bergtechnischen oder polizeilichen Gründen gemeinschaftlich mit seinem Mineral gewonnen werden müssen; von dritter Seite eingelegten Mutungen gegenüber bleibt das Vorrecht für den Bergwerkseigentümer vier Wochen lang gewahrt.

In allen übrigen Fällen soll nach dem Wortlaut des § 25 die ältere Mutung der jüngeren vorgehen. Hierbei ist indessen zunächst nur an das Zusammentreffen des durch die Mutung als solche begründeten Anspruchs mit einem besseren Finderrechte gedacht. Für die Kollision verschiedener Finderrechte untereinander trifft das Gesetz keine besondere Bestimmung, was eine lange andauernde Kontroverse in der Literatur zur Folge hatte. Brassert wollte in solchem Falle in wörtlicher Auslegung des Gesetzes das Recht vom Zeitpunkt der Mutung abhängig machen, während die meisten übrigen Autoritäten, Wachler, Klostermann, Arndt und Achenbach die Priorität des Fundes für entscheidend erklärten. Nachdem noch am 30. August 1898 ein Rekursbescheid des preußischen Handelsministers im Sinne der Brassertschen

[1]) Vergl. Motive zum § 24 des preuß. Regierungsentwurfs.

Auffassung ergangen war [1]), wurde die Frage durch ein Urteil des Reichsgerichts vom 19. Juni 1901 endgültig zugunsten des besseren Finderrechts entschieden. Kollidieren Mutungen vom gleichen Alter, so, sagen die Motive zum preußischen Regierungsentwurf [2]), müssen die Muter mangels anderweitigen Abkommens Gemeinschaft machen, und ähnlich erklärt ein Rekursbescheid vom 14. Oktober 1871 [3]), wenn mehrere gleichalterige Mutungen den nämlichen Fund betreffen, bedürfe es der Verständigung der Beteiligten über die Feldeslegung. Eine solche Verständigung ist natürlich auch im erstgenannten Falle möglich, in welchem sie sich wesentlich als reale Teilung (s. u.) des doppelt gemuteten Feldes darstellen würde; im übrigen ist gegebenenfalls die Gemeinschaft nicht nach den Regeln des B. G. B. zu beurteilen, sondern als Gewerkschaft anzusehen, da dieses Gesellschaftsverhältnis mangels anderer Vereinbarung von Rechtswegen unter den Mitbeteiligten eines Bergwerks Platz greift. (s. unten.)

Was die Größe und Gestaltung des zu verleihenden Feldes betrifft, so wurde schon erwähnt, daß auch in dieser Beziehung die deutschen Berggesetze im Gegensatz zu dem französischen dem Muter einen ganz bestimmten Rechtsanspruch zuerkennen. Der Muter hat das Recht, ein Feld bis zu 200 Hektaren zu verlangen; dasselbe muß, soweit es die Örtlichkeit gestattet, von graden Linien an der Oberfläche und von senkrechten Ebenen in die ewige Teufe begrenzt

[1]) Zeitschr., Bd. 40, S. 99.
[2]) S. 40, 41.
[3]) Zeitschr. f. Bergrecht, Bd. 13, S. 557.

werden. Ausnahmefälle, in welcher von einer gradlinigen Führung der Begrenzung der Oberfläche abzusehen ist, bedingt behufs Vermeidung von Feldessperren die Nähe von Landesgrenzen, Flüssen oder schon bestehenden Feldern; die nach Achenbach [1]) gleichfalls zulässige Ausnahme von der seitlichen Begrenzung durch senkrechte Ebenen bezw. Flächen dürfte praktisch nur selten in Frage kommen.

Die gesetzliche Maximalgröße entspricht in runden Zahlen dem preußischen Bergwerksfelde von 500000 Quadratlachtern; wenn das bayrische Berggesetz in Ausnahmefällen für Stein- und Braunkohlen Felder bis zu 800 Hektaren vorsieht, so lag für Elsaß-Lothringen zu einer derartigen Bestimmung kein hinreichender Grund vor, zumal deren Resultat bei Bedarf auch im Wege der Konsolidation mehrerer Einzelwerke erreicht werden kann.

Eine Abweichung vom preußischen Gesetz enthält die Bestimmung, daß kein Punkt der Begrenzung mehr als 2000 m vom Fundpunkte entfernt sein darf, indem in Preußen die entsprechende Anordnung dahin getroffen ist, daß die zwischen je zwei Punkten der Begrenzung liegende Entfernung 2000 Lachter = 4184 m nicht überschreiten kann. Durch beide Bestimmungen soll eine willkürliche, schikanöse Überdeckung entfernter Fundpunkte Dritter und eine solche Feldeslegung, welche andere als bergbauliche Zwecke verfolgt, nach Möglichkeit verhindert werden; doch hat die preußische Bestimmung sich gegenüber der Spekulation mit Mutungen nicht als ausreichend erwiesen, da trotzdem große Flächen mit

[1]) Französ. Bergrecht S. 248.

Mutungsfeldern von unzweckmäßigster Form überdeckt werden konnten. In Bayern hat man einer willkürlichen Feldeslegung durch die Bestimmung vorgebeugt, daß das Grubenfeld an keiner Stelle eine geringere Breite, als den 32. Teil seiner Längenausdehnung haben darf, während im Gebiete des sächsischen Bergrechts die gleichen Ziele durch den Betriebszwang und die Art der Besteuerung erreicht werden sollen.

Hinsichtlich der Verleihung selbst trifft das Gesetz eingehende Bestimmungen, welche einer Verletzung der Rechte Dritter vorzubeugen geeignet sind. Es ist zu diesem Zwecke ein Termin zur Erörterung von Ansprüchen anzuberaumen, zu welchem nicht nur, wie in Sachsen, die Vertreter der durch das begehrte Feld ganz oder teilweise überdeckten und der benachbarten Bergwerke, sondern auch alle diejenigen Muter, deren Rechte mit dem begehrten Felde möglicherweise kollidieren können, zur Wahrnehmung ihrer Interessen vorgeladen werden. Machen diese Ansprüche geltend, welche einer Verleihung im Wege stehen, so entscheidet die Oberbergbehörde durch Beschluß, gegen welchen der Rekurs und nach dessen Erledigung das Beschreiten des Rechtsweges zulässig ist.

Für den letzteren ist eine Ausschlußfrist von drei Monaten festgesetzt, welche indes nach einem Urteil des Reichsgericht vom 7. März 1901 nur gilt, wenn die Oberbergbehörde über Ansprüche oder Einsprüche Dritter gegen eine Mutung Entscheidung getroffen hat, nicht aber wenn die Mutung aus anderen gesetzlichen Gründen zurückgewiesen worden ist; in solchen Fällen bleibt der Rechtsweg innerhalb der gewöhnlichen dreißigjährigen Verjährungsfrist offen, sofern nicht inzwischen das Feld anderweit verliehen ist und der Muter infolge Ablaufs der dreimonatlichen Frist nach der Verleihung (s. u.) sein etwaiges Vorzugsrecht verloren hat.

Ist über die geltend gemachten Rechte endgültig entschieden, so erteilt die Oberbergbehörde die Verleihungsurkunde, welche den formellen Erwerbstitel für das Bergwerkseigentum darstellt und durch das Zentral- und Bezirksamtsblatt veröffentlicht wird.

Doch auch durch Versäumung der vorausgegangenen Frist und durch die Verleihung selbst sollen etwa noch vorhandene Berechtigte nicht ihrer Ansprüche verlustig gehen. Die von den allgemeinen Grundsätzen des Eigentumsrechts im öffentlichen Interesse nicht unerheblich abweichenden Bestimmungen des Berggesetzes rechtfertigen die Anordnung, daß innerhalb weiterer dreier Monate nach Veröffentlichung der Verleihungsurkunde etwaige Vorzugsrechte noch geltend gemacht werden können, insofern nicht bereits in einem früheren Termine über dieselben entschieden worden ist.

Nur die formelle Abweisung der von einem dritten Muter im Schlußtermine erhobenen Ansprüche, nicht aber schon dessen Ladung als solche begründen einem Urteil des Reichsgerichts vom 3. Januar 1900 zufolge für den anfechtenden den Verlust des Klagerechts trotz erfolgter Verleihung.

Zum vierten Abschnitt.

Vom Vermessen.

Die Verleihung erhält ihren Abschluß durch die Vermessung uud Verlochsteinung des verliehenen Feldes, welche zwar nicht für den Eigentumserwerb, insofern von einem solchen gesprochen werden kann, wesentlich ist, jedoch von dem Eigentümer sowohl wie von dessen Nachbarn — auf Kosten des jeweiligen Antragstellers — verlangt werden kann.

Zum dritten Titel.

Von dem Bergwerkseigentume.

Zum ersten Abschnitt.

Von dem Bergwerkseigentume im allgemeinen.

Es wurde schon hervorgehoben, daß durch den staatlichen Verleihungsakt für den Beliehenen ein eigenartiges Privatrecht begründet wird, kraft dessen er befugt ist, innerhalb des Bergfeldes die bergrechtlichen Mineralien zu gewinnen und zutage zu fördern, und daß für diese Bergbauberechtigung im elsaß-lothringischen Gesetze im Anschluß an die preußische Terminologie die Bezeichnung Bergwerkseigentum gewählt ist. Dasselbe ist demzufolge, wie auch aus der rechtlichen Eigenart der Mutung und Verleihung hervorgeht, nicht etwa als ein dem Oberflächeneigentum gegenübergestelltes Eigentumsrecht an der Gesamtheit der unterirdischen Lagerstätten zu betrachten, sondern als ein eigenartiges dingliches und unbewegliches Recht, welches die Befugnis in sich schließt, durch Bergbaubetrieb Eigentümer der gewonnenen Mineralien zu werden und eine Anzahl von Einwirkungen auf die Oberfläche, ja auch über das Grubenfeld hinaus und in fremde Bergfelder auszuüben.

Das Berggesetz behandelt im einzelnen und erschöpfend nur den erstmaligen Erwerb des Bergwerkseigentums auf der öffentlich-rechtlichen Grundlage der Verleihung, während es hinsichtlich der privatrechtlichen Eigentumsübertragung und dinglichen Belastung auf die allgemeinen für das Grundeigentum geltenden gesetzlichen Bestimmungen verweist. Diese die Anwendung der jetzt nicht mehr in Geltung befindlichen Gesetze normierenden Vorschriften des preußischen Berggesetzes sind durch das dortige Ausführungsgesetz zum B.G.B. ausdrücklich aufgehoben, während das elsaß-lothringische Ausführungsgesetz, indem es durch seinen § 82 die betreffenden Verhältnisse neu regelt, die §§ 41—43 des Berggesetzes stillschweigend beseitigt. Als durch das Bürgerliche Gesetzbuch aufgehoben, ist der Anfechtungsgrund der laesio enormis bei der Veräußerung von Bergwerken zu erachten[1]).

Wesentlich unverändert bleibt hierbei die rechtliche Eigenart des Bergwerkseigentums als solchen, indem nach wie vor die Bestimmungen über Grundstücke auf dasselbe Anwendung finden. Aus diesem Grundsatze ergibt sich ohne weiteres die gesetzliche Folgerung, daß das Bergbaurecht ohne zeitliche Begrenzung verliehen wird und infolgedessen eine von jeder Verwaltungswillkür unabhängige Dauer hat. Im Gegensatz zu diesen Prinzipien, welche allein eine volle wirtschaftliche Ausnutzung des Bergwerkseigentums gewährleisten, kann letzteres in Frankreich wegen Zuwiderhandlungen gegen die Betriebspflicht oder andere Konzessionsbedingungen jederzeit widerrufen werden, in anderen Ländern bedarf sogar die

---

[1]) Molitor, S. 198, Anm. 1.

rechtsgeschäftliche Übertragung unter Lebenden der nach freiem Ermessen zu versagenden obrigkeitlichen Genehmigung.

Die Geltung der für Grundstücke gegebenen Vorschriften erleidet nach zwei Richtungen hin Ausnahmen. Unanwendbar sind zunächst aus sachlichen Gründen, wie dies zudem die Motive zum preußischen Berggesetz [1]) ausdrücklich hervorheben, die Vorschriften, welche den Inhalt des Grundeigentums betreffen (§§ 905—918 B.G.B.). Andere Bestimmungen, wie diejenigen über die Vereinigung mehrerer Grundstücke, über den Ausschluß des Eigentümers, dessen Verzicht sowie das Aneignungsrecht des Fiskus (§§ 890, 927, 928 B.G.B.) müssen deshalb außer Betracht bleiben, weil diese Materien durch Sondervorschriften des Berggesetzes speziell geregelt sind, das Ausführungsgesetz aber, wie Molitor hervorhebt, allgemein solche Spezialbestimmungen in Geltung läßt, wenn das Gesetz dies auch nur an einer Stelle ausdrücklich betont.

Während im übrigen also früher der gesamte privatrechtliche Geschäftsverkehr hinsichtlich der Bergwerke den §§ 42 und 43 des Berggesetzes zufolge nach den Regeln des Code civil zu geschehen hatte, vollzieht sich derselbe, abgesehen von den angegebenen Ausnahmen, heute auf Grund von § 81 A.G.B.G.B. nach dem Liegenschaftsrechte des Bürgerlichen Gesetzbuches, mit welchem dem zufolge das hinsichtlich der Gleichstellung von Grundstücken und Bergwerkseigentum im Ausführungsgesetze aufrecht erhaltene Landesrecht in Einklang zu bringen war. Da nun aber das neue Immobiliarsachenrecht auf der

[1]) S. 59.

Basis des Grundbuchsystems aufgebaut ist, so wird die vollkommene Durchführung der betreffenden Bestimmungen erst von dem Zeitpunkte an möglich, in welchem das Grundbuch als angelegt anzusehen ist. Bis dahin ist durch die Führung der Eigentumsbücher ein Zwischenrecht geschaffen.

Behufs Herbeiführung des endgiltigen Rechtszustandes bestimmt zunächst § 80 A. G. B. G. B., daß sämtliche Bergwerke auf Grund der Bergwerksverzeichnisse in besondere Grundbücher eingetragen werden, und zwar haben diese Eintragungen dem öffentlich-rechtlichen Charakter des Bergwerkseigentums entsprechend von Amts wegen zu erfolgen. Nach § 9 des Ausführungsgesetzes zur Grundbuchordnung werden die Grundbuchbezirke für das Bergwerkseigentum nicht nach Gemeinden, sondern nach Amtsgerichtsbezirken gebildet, wobei für im Bezirke mehrerer Amtsgerichte gelegene Bergwerke das zuständige Amtsgericht durch das vorgeordnete Landgericht bestimmt wird. In Ausführung einer gesetzlichen Ermächtigung, nach welcher mehrere Amtsgerichtsbezirke durch das Ministerium zu einem Grundbuchbezirk vereinigt werden können, sind durch ministerielle Verfügung vom 5. Dezember 1899 die Amtsgerichte Metz, Château-Salins, Saargemünd, Forbach, Sennheim, Altkirch, Schlettstadt, Hagenau und Zabern zur Führung der für die Bergwerke anzulegenden besonderen Grundbücher bestimmt worden.

Der Zeitpunkt, in welchem das Grundbuch für einen Bezirk als angelegt zu betrachten ist, wird nach § 80, Abs. 2, 3 durch Kaiserliche Verordnung bestimmt, und es ist dieser Zeitpunkt auch für solche Bergwerke entscheidend, welche ein Grundbuchblatt noch nicht erhalten haben. Bis dahin wird, da § 27 A. G. G. B. O. die Bestimmungen der §§ 9 und 10 desselben Gesetzes über Grundbücher und Grundbuchbezirke ausdrücklich auch auf die Eigentumsbücher für anwendbar erklärt, an Stelle eines jeden Grundbuchs das entsprechende Eigentumsbuch geführt. Die charakteristischen Eigentümlichkeiten dieses letzteren hebt Molitor im Anschluß an die offizielle Begründung hervor, indem er es als ein werdendes Grundbuch bezeichnet. „Während das Grundbuch von Anbeginn an die im Bezirke gelegenen Grundstücke aufweist, erfolgt die Aufnahme der Grundstücke in das Eigentumsbuch von Fall zu Fall mit der Eintragung der sich darauf beziehenden Rechtsänderungen". Als rechtlicher Unterschied ergibt sich hieraus in Verbindung mit § 87 des Ausführungsgesetzes und §§ 892, 893 B. G. B. der, daß die Eintragungen im Grundbuch den Schutz des öffentlichen Glaubens genießen, welcher dem Eigentumsbuche versagt ist. — Die seiner Zeit in Aussicht genommenen „vorläufigen Grundbücher" sind zu einer tatsächlichen Einführung nicht gelangt.

Die Übertragung des Bergwerkseigentums geschieht dem Gesagten zufolge, mag nun für den betreffenden Bezirk das Grundbuch angelegt sein oder nicht, durch Auflassung und Eintragung, im ersteren Falle in das Grundbuch, im letzteren — eventuell nach vorheriger Eintragung des Rechtsvorgängers — in das Eigentumsbuch. Begründung, Übertragung, Belastung und Aufhebung eines Rechts an einem Bergwerke oder eines Rechts an einem solchen Rechte, sowie die Veränderungen des Inhalts und Ranges dieser Rechte gelangen durch Einigung und Eintragung (bezw. Aushändigung des Hypothekenbriefs) zur Entstehung.

Wenn in § 82 A.G.B.G.B. an Stelle der durch denselben beseitigten Bestimmungen des Berggesetzes die Einordnung des Bergwerkseigentums in das allgemeine Recht des Bürgerlichen Gesetzbuches erfolgt, so behandeln die folgenden Paragraphen des Berggesetzes den bergrechtlichen Inhalt des Bergwerkseigentums und die hierunter begriffenen hauptsächlichsten Rechte des Bergwerkseigentümers: das Aufsuchungs- und Gewinnungsrecht, sowie die Befugnis zur Errichtung von Aufbereitungsanstalten und zur Inanspruchnahme weiteren für bergbauliche Zwecke erforderlichen Geländes.

Das Gewinnungsrecht beschränkt sich zwar zunächst auf das in der Verleihungsurkunde benannte Mineral, indes begründet das häufige Zusammenvorkommen verschiedener Mineralien die Notwendigkeit, das Recht des Bergwerkseigentümers auch auf andere in der Verleihungsurkunde nicht ausdrücklich benannte Mineralien auszudehnen[1]). Auf das aus diesem Grunde dem Bergwerkseigentümer eingeräumte Vorrecht zum Muten noch nicht vergebener Mineralien innerhalb seines Feldes wurde schon hingewiesen. Ein solches Mutungsvorrecht wird indes nur dann gewährt, wenn der die Mutung begründende Fund innerhalb der Grenzen des bereits verliehenen Feldes gemacht wurde[2]). Daß hingegen das zuerst verliehene Mineral gerade an dem Punkte des Feldes, wo das Zusammenvorkommen mit anderen Mineralien nachgewiesen ist, in bauwürdiger Beschaffenheit auftritt, ist nicht erforderlich[3]).

---

[1]) Motive des preuß. Regierungsentwurfs, S. 57.

[2]) Entscheidung des preußischen Obertribunals v. 4. Juni 1875, Zeitschr., Bd. 17, S. 98, v. 12. Mai 1879, Zeitschr., Bd. 21, S. 242.

[3]) Rekursbescheid. vom 25. Jan. 1899, Zeitschr. Bd. 40, S. 248.

Auf den gleichen Erwägungen beruht die Bestimmung, daß wenn innerhalb derselben Feldesgrenzen verschiedene Verleihungen bestehen und die durch dieselben bezeichneten Mineralien infolge nicht vorausgesehener Umstände gemeinschaftlich gewonnen werden müssen, jeder Bergwerkseigentümer befugt sein soll, das Mineral des Anderen mitzugewinnen. Ob ein derartiger Zusammenhang für die in Frage kommenden Mineralien als vorliegend zu erachten ist, unterliegt der allein maßgebenden Entscheidung der Bergbehörde und nicht der Beurteilung der Gerichte[1]). Die unter den angegebenen Umständen geförderten, dem anderen Teile zustehenden Mineralien müssen diesem gegen Erstattung der Gewinnungskosten herausgegeben werden; zu einer Rechnungslegung ist der Förderer nicht verpflichtet[2]).

Ähnliche Bestimmungen, wie für das Zusammentreffen mehrerer Bergbauberechtigungen, trifft das Gesetz für den Fall, daß der Bergwerkseigentümer aus technischen Gründen genötigt ist, in die Rechtssphäre des Grundbesitzers insofern überzugreifen, als er nach § 1 des Gesetzes diesem vorbehaltene Mineralien zutage gefördert. Soweit er diese nicht selbst verwendet, wozu er berechtigt ist, muß er sie dem Grundeigentümer auf dessen Verlangen gegen Erstattung der Förderungskosten herausgeben.

Gleiche Vorrechte, wie für die Mineralgewinnung selbst, werden dem Bergwerkseigentümer für die Aufbereitungsanstalten gewährt, in welchen die Bergwerksprodukte auf mechanischem Wege gereinigt, zerkleinert und im Gehalte an

---

1) Entsch. d. O.Tr. v. 25. Juni 77, 12. Mai 79.

2) Entscheidung des Reichsgerichts v. 6. Oktober 1883.

nutzbaren Teilen konzentriert werden[1]). Im Sinne dieser Definition hat auch das Oberlandesgericht Dresden eine auf dem Grundstücke eines Kohlenbergwerks errichtete Naßpreßsteinfabrik nebst den dazu gehörigen Maschinen für einen wesentlichen Bestandteil des Bergwerksgrundstücks — nach der Terminologie des B. G. B. — erklärt[2]). Auch die Gradierwerke der Salinen zählen Achenbach[3]) und Brassert[4]) übereinstimmend zu den Aufbereitungsanstalten im Sinne des Gesetzes.

Die vom Gesetze für das Bergwerksfeld festgesetzte Maximalgrenze wird unter allen Umständen nur für die Mutung und erstmalige Verleihung beobachtet; später ist nicht nur eine Vergrößerung des verliehenen Feldes im Wege der unten zu besprechenden Konsolidation möglich, sondern es dürfen auf Grund der in das Gesetz übergegangenen der neueren deutschen Bergrechtsentwicklung angehörigen Grundsätze neben einer solchen weiteren Ausdehnung des vollen Bergwerkseigentums auch die Arbeiten ohne Verschiebung der Feldesgrenzen über diese hinaus fortgesetzt werden. Unter diesem Gesichtspunkte gestattet das Gesetz die Anlage von Hilfsbauen, und zwar im freien Felde unter allen Umständen, im Felde fremder Bergwerkseigentümer, falls dieselben die Wasser- und Wetterlösung oder den vorteilhafteren Betrieb des Stammbergwerks bezwecken unter der Voraussetzung, daß gleichzeitig das fremde Bergwerk, in dessen Interessensphäre

---

[1]) Preuß. Ministerialerlaß v. 21. Febr. 1876, Zeitschr., Bd. 17, S. 117.
[2]) Entscheid. v. 24. März 1903.
[3]) Deutsches Bergrecht, S. 200.
[4]) Preuß. Berggesetz, S. 198.

der Hilfsbau betrieben wird, durch diesen keine Störung oder Gefährdung erleidet.

Der Hilfsbau ist Bestandteil des Hauptbergwerks, nach § 84 A.G.B.G.B. erlangt er ohne Eintragung in das Grundbuch durch Übergang des Besitzes die Eigenschaft eines dinglichen Rechts an dem belasteten Grund- bezw. Bergwerkseigentum; er hat für dieses letztere den Charakter einer notwendigen Servitut, insofern als das Recht des Eigentümers zum ausschließlichen Bergwerksbetriebe durch denselben eine Beschränkung erleidet [1]). Hilfsbaue im Sinne des Gesetzes sind Schächte, Stollen, Strecken und andere bergmännische Hülfsanlagen, nicht aber Wege, Eisenbahnen oder Kanäle außerhalb des eigentlichen Grubenfeldes. Auch ein Sicherheitspfeiler wurde vom preußischen Obertribunal im Gegensatz zu der Ansicht des O.L.G. Naumburg nicht als Hilfsbau anerkannt, weil ein solcher nicht durch die Tätigkeit eines Hilfsbauberechtigten zur Entstehung gelange [2]).

Über die Gestattung des Hülfsbaues entscheidet im Streitfall die Bergbehörde. Gegen deren Beschluß ist die Anrufung der richterlichen Entscheidung ausgeschlossen, da es sich hier, ähnlich wie bei der Frage über die Notwendigkeit der Grundabtrennung zu bergbaulichen Zwecken, lediglich um bergrechtliche Fragen handelt [3]). Vom Nachweise der unbedingten Notwendigkeit und Unentbehrlichkeit soll die Genehmigung nicht abhängig gemacht werden, vielmehr genügt schon die Tatsache, daß es sich für das den Hilfsbau pla-

---

[1]) Molitor, S. 202 f.

[2]) Urteile vom 20. Nov. bezw. 19. Juni 1871.

[3]) Motive des preuß. Regierungsentw. Hahn, S. 154.

nende Bergwerk lediglich um einen vorteilhafteren Betrieb handelt[1]). Hingegen darf der eigene Bergbau des belasteten Werkes nicht nur für die Gegenwart, sondern auch für die Zukunft insoweit nicht gestört oder gefährdet werden, als dieser wenigstens im Projekte eine bestimmt erkennbare Gestalt bereits gewonnen hat[2]).

Im übrigen kann auch, wenn eine Störung oder Gefährdung zu befürchten und deshalb die Berechtigung von der Behörde zu versagen ist, eine solche im Wege der freien Parteiverabredung begründet werden[3]). Ohne eine solche Vereinbarung braucht der Bergwerkseigentümer die Anlage von Hilfsbauen in seinem Felde nicht eher zu dulden, als bis die Verpflichtung hierzu durch die Bergbehörde festgestellt ist[4]). Beseitigung der Störung im Wege der Selbsthülfe nach § 859 B.G.B. dürfte in solchem Falle nicht ausgeschlossen sein.

Eine Vergütung für Gestattung eines Hülfsbaues steht dem Eigentümer des belasteten Bergwerks nicht zu, wohl aber kann derselbe vollen Ersatz des ihm durch diesen erwachsenden Schadens, wie auch Herausgabe der bei dessen Ausführung in seinem Felde gewonnenen Mineralien beanspruchen. Diese Herausgabe hat unentgeltlich zu geschehen, wie ja auch die Gestattung des Hülfsbaus unentgeltlich erfolgt. Hat der Hülfsbauberechtigte trotz rechtzeitiger Aufforderung des Berg-

---

[1]) Rekursbesch. d. preuß. Ministers d. öffentl. Arb. v. 2. April 1879, Z. 20—397.

[2]) Rekursbesch. v. 25. April 1885, Z. 26—400.

[3]) Rekursbesch. v. 23. Okt. 67, Z. 9—210, v. 28. Okt. 68, Z. 10—268.

[4]) Entsch. d. preuß. Obertribunals v. 20. Okt. 1874.

werkseigentümers solche Mineralien für sich verwandt, so ist er zur Vergütung des vollen Interesses verpflichtet [1]).

Zum zweiten Abschnitt.

Von der Konsolidation, der Feldesteilung und dem Feldesaustausch.

Die Gleichstellung des Bergwerkseigentums mit den Grundstücken zum Zweck des privaten rechtsgeschäftlichen Verkehrs wird, wie bereits hervorgehoben, vom Gesetz nur insoweit statuiert, als dieses selbst nicht ein anderes vorschreibt.

Solche besonderen Anordnungen sind aber dahin erlassen, daß privatrechtliche Verfügungen nur hinsichtlich des Bergwerkseigentums in der Form und Ausdehnung zulässig sind, in welcher dasselbe durch die Verleihung begründet ist. In allen den Fällen, in welchen mit dem Wechsel des Eigentümers eine objektive Umgestaltung der verliehenen Bergbauberechtigung verbunden ist, bilden die privaten Vereinbarungen der Beteiligten lediglich die Grundlage und Voraussetzung des für die beabsichtigte Änderung erforderlichen und dieselbe rechtlich begründenden Aktes der Staatsgewalt.

Als derartige Umgestaltungen der Substanz des durch die Verleihung begründeten Bergwerkseigentums behandelt das Berggesetz die Konsolidation zweier oder mehrerer Bergwerke, die Teilung oder Vertauschung von Grubenfeldern, sowie die Verteilung der Lasten beim Austausch von Feldesteilen, und diese Bestimmungen werden in § 82 A. G. B. G. B. neben

---

[1]) Entscheidung des Reichsgerichts v. 12. Oktober 1894.

den Vorschriften über die Verleihung und Aufhebung ausdrücklich aufrecht erhalten.

Die Konsolidation, d. h. die Vereinigung zweier oder mehrerer Bergwerke zu einem Ganzen, ist in ihrer Ausgestaltung aus dem preußischen Gesetze übernommen, soweit dessen Bestimmungen nicht ihrer lokalen Bedeutung wegen entbehrlich waren. Der Zweck der Maßregel ist dahin gerichtet[1]), als Einzelwerke bestehende Bergwerke derart zu einem Ganzen zu vereinigen, daß sie, in jeder Beziehung nur noch ein einziges einheitliches Werk, als neues Rechtsobjekt behandelt werden. Dieselbe ist insofern wesentlich verschieden von der „réunion“ des französischen Rechts, welche nur die Vereinigung mehrerer rechtlich getrennt und selbständig bleibender Bergwerke in einer Hand bedeutet[2]). Um eine Konsolidation handelt es sich auch ferner nicht, wenn benachbarte Bergwerke zwar gemeinschaftliche Betriebsanlagen machen, oder einen Feldesteil gemeinschaftlich abbauen, im übrigen aber selbständig einzeln für sich bestehen bleiben. Die wesentlichen Eigenschaften der Konsolidation geben sich namentlich darin zu erkennen, daß diese in der Regel ein über das gesetzlich zulässige Höchstmaß hinausgehendes Feld schafft und daß ein neues Beteiligungsverhältnis eintritt, wenn die Beteiligung an den Einzelwerken eine ungleiche war. Weitere Folgen der Konsolidation sind, daß das durch die Vereinigung entstandene Werk ein neues Blatt im Grundbuche erhält, und die Rechte der Hypothekengläubiger eine Veränderung hin=

[1]) Motive des preußischen Regierungsentwurfs, S. 51.

[2]) Brassert Elsaß-lothringisches Berggesetz S. 57, Leoni u. Mandel, S. 257, Anm. 7.

sichtlich des Gegenstandes erleiden, daß das konsolidierte Bergwerk auch in bezug auf Betrieb, Verwaltung und Besteuerung nur als eins behandelt wird. Zu ihrer Rechtsgültigkeit bedarf die Konsolidation der Bestätigung der Oberbergbehörde, weil hier öffentlich-rechtliche Interessen in Frage stehen und weil, wie gesagt, durch dieselbe eine Veränderung des vom Staate verliehenen Bergwerkseigentums herbeigeführt wird.

Als erstes Erfordernis der Konsolidation nennt das Gesetz den notariell beglaubigten Konsolidationsakt; derselbe besteht entweder in einem Vertrage, wenn nämlich die zu konsolidierenden Bergwerke verschiedene Eigentümer haben, oder in einem Beschlusse, wenn dieselben sich im Eigentum derselben Mitbeteiligten befinden, oder aber in einer einfachen Erklärung, wenn dieselben einem Alleineigentümer gehören. Mit dem Konsolidationsakt ist ein von einem seitens der Oberbergbehörde als befähigt anerkannten Markscheider oder Feldmesser angefertigter Situationsriß (Konsolidationsriß) des ganzen Feldes in zwei Exemplaren einzureichen, endlich auch der Name des konsolidierten Bergwerks anzugeben.

Für die gesetzliche Regelung der auf den zu konsolidierenden Bergwerken ruhenden Hypotheken und verwandten Rechte war der Grundsatz maßgebend, daß einerseits den Hypothekengläubigern ein ausreichender Schutz zu gewähren war, andererseits aber auch durch Rücksichtnahme auf diese die Konsolidation selbst nicht zu sehr erschwert werden durfte. Daß letztere Erwägung im Gesetz genügende Berücksichtigung erfahren habe, wird von verschiedenen Seiten bestritten[1]).

[1]) So Westhoff in der Zeitschr. f. Bergrecht 1900, S. 59.

Falls nämlich eins oder mehrere der zu vereinigenden Bergwerke mit Hypotheken belastet sind, muß gleichzeitig mit der Einreichung des Konsolidationsaktes die Zustimmung der Gläubiger zu diesem nachgewiesen werden. Versagt auch nur einer der Berechtigten diese Zustimmung, so ist die Konsolidation — wenigstens vorläufig — ausgeschlossen, da das Gesetz ein außerordentliches Kündigungsrecht des Eigentümers für diesen Fall nicht bewilligt. Andererseits konnte bei diesem den Gläubigern eingeräumten unmittelbaren Verbietungsrechte von einer Prüfung der denselben gewährten Sicherheit durch die Oberbergbehörde abgesehen werden, da die dem Konsolidationsakte beizufügende Anlage die endgültige Vereinbarung darüber enthalten muß, daß und in welcher Rangordnung die Rechte auf das konsolidierte Werk als Ganzes übergehen sollen.

Die Bestätigung eines den vorstehenden Bedingungen entsprechenden Konsolidationsantrages darf seitens der Oberbergbehörde nur in zwei Fällen versagt werden, nämlich wenn entweder die Felder der einzelnen Bergwerke nicht aneinander grenzen, oder wenn Gründe des öffentlichen Interesses entgegenstehen. Das erste Erfordernis ergibt sich teils aus dem Zwecke der Konsolidation, teils daraus, daß freies Feld nicht ohne Verleihung in die Konsolidation eingeschlossen werden darf [1]). Nach preußischer Praxis hindert es die Konsolidation nicht, daß die Einzelwerke auf verschiedene Mineralien verliehen sind [2]). Als ein entgegenstehender Grund des öffentlichen Interesses würde es dagegen nach den preußischen

[1]) Motive zum preuß. Berggesetze, S. 51.

[2]) Rekursbescheid v. 3. Juli 1866, Zeitschr. Bd. 9, S. 227.

Motiven anzusehen sein, wenn die Konsolidation eine Feldessperre herbeiführen und dadurch wohltätige Konkurrenzunternehmungen verhindern würde. Auf einen nicht unbedeutenden wirtschaftlichen Nutzen, welchen die Konsolidation als solche ohne weiteres im Gefolge hat, ist außerdem an dieser Stelle hinzuweisen. Dieselbe macht in jedem einzelnen Falle eine große Anzahl von Markscheidesicherheitspfeilern überflüssig. Welchen Wert diese aber repräsentieren, ergibt sich aus der Tatsache, daß derselbe allein für das Oberbergamt Dortmund im Jahre 1886 von Westhoff auf 150 Millionen Mark angegeben wird[1]).

Die Bestätigung der Konsolidation hat die rechtliche Wirkung, daß von diesem Zeitpunkt ab das konsolidierte Bergwerk als solches besteht, während das Sondereigentum an den Einzelwerken erloschen ist.

In wirtschaftlicher Hinsicht hat andererseits die Konsolidation nicht mehr die gleiche Bedeutung, wie ehedem, da sich heutzutage die Vergrößerung der einzelnen Bergwerksbetriebe vielfach in umfassenderen Formen durch Bildung von großen Bergbauaktiengesellschaften, Syndikaten und Trusts vollzieht. Immerhin gewährt sie die einzige Möglichkeit, dieselbe Betriebsanlage für ein zweites Bergwerk besonders auch dann auszunutzen, wenn das ursprüngliche Grubenfeld nahezu abgebaut ist.

In Übereinstimmung sowohl mit dem preußischen (§ 51) wie auch dem französischen Berggesetze (Art. 7) ist auch ferner, wie gesagt, die reale Teilung eines Bergwerks in

[1]) Zeitschr. Bd. 41, S. 60.

selbständige Felder, sowie der Austausch von Feldesteilen zwischen angrenzenden Bergwerken von der Bestätigung der Oberbergbehörde abhängig gemacht, da der Bergwerkseigentümer grundsätzlich nicht für befugt erachtet wird, den auf der staatlichen Verleihung beruhenden Rechtstitel seines Bergwerks einseitig abzuändern. Als Feldesteilung ist nach einer Entscheidung des Oberbergamts Bonn vom 22. Januar 1877 auch das Wiederausscheiden eines früher selbständigen Einzelfeldes aus dem Verbande der Konsolidation anzusehen[1]). Die privatrechtliche Veräußerung eines Feldesteils ist nach vorgängiger realer Teilung zulässig[2]), dagegen ist die Zerlegung der Berechtigung eines zur Gewinnung mehrerer Mineralien verliehenen Bergwerks in selbständige Bergwerke für die einzelnen Mineralien ausgeschlossen[3]). Was die Zustimmung der Realberechtigten und die Förmlichkeiten der Bestätigung betrifft, so finden die in dieser Hinsicht für die Konsolidation gegebenen Bestimmungen Anwendung. Mit dieser Maßgabe bleiben beim Feldesaustausch ohne weiteres die Belastungen am Hauptstock der betreffenden Bergwerke haften, während die ausscheidenden Teile frei werden und die an ihre Stelle tretenden unter die Belastung fallen.

Da in allen drei vorstehend erörterten Fällen die Veränderung der Eigentumsverhältnisse bezw. der dinglichen Belastung nicht durch privates Rechtsgeschäft, sondern durch einen Akt der Staatsgewalt erfolgt, so zieht das Ausführungsgesetz in § 83 die Konsequenz dieser Tatsache, indem

---

[1]) Zeitschr. f. Bergrecht Bd. 18, S. 137.

[2]) Rekursbesch. v. 7. Sept. 1885, Zeitschr. Bd. 25, S. 405.

[3]) Rekursbesch. v. 20. Sept. 1883, Zeitschr. Bd. 23, S. 128.

die erforderlichen Eintragungen im Grundbuch nicht auf Antrag der Parteien, sondern auf das von Amts wegen zu stellende Ersuchen der Oberbergbehörde zu geschehen haben. Während aber im Grundstücksverkehr die Eintragungen im Grundbuch rechtsbegründend wirken, erhalten die in Frage stehenden Verträge schon durch die Genehmigung der Behörde ihre verbindende Kraft. Die beabsichtigte Rechtsänderung gelangt somit schon vor der Eintragung im Grund- bezw. Eigentumsbuche zur Entstehung, weshalb die Eintragung selbst in § 83 A. G. B. G. B. als „Berichtigung des Grundbuchs" charakterisiert wird. Das Ersuchen der Oberbergbehörde ersetzt, wie Molitor[1]) hervorhebt, nicht nur den Antrag des nach § 13 G. B. O. Antragsberechtigten, sondern auch die Eintragsbewilligung und die Einwilligung Dritter auf Grund dinglicher Berechtigung. Eine Verletzung irgend welcher Rechte kann durch diese Bestimmung nicht herbeigeführt werden, da ja die Oberbergbehörde vor Erteilung ihrer Genehmigung die Vorbedingungen für diese in derselben Weise zu prüfen hat, wie im Liegenschaftsverkehr der Grundbuchrichter. Dem letzteren bleibt hier nur die Entscheidung[2]) über das Vorhandensein der formellen Erfordernisse vorbehalten. Er prüft, ob Zuschreibungen, Vereinigungen, Belastungen von Feldesteilen ohne Beeinträchtigung der Übersichtlichkeit angängig sind, entscheidet über die Erledigung unter Vorbehalt oder gleichzeitig mit anderen gestellter Anträge bezw. Ersuchen. Seiner Prüfung unterliegen ferner

[1]) Molitor a. a. O., S. 201.

[2]) Denkschr. z. Entwurf der Grundbuchordnung zu § 38 und Krech Grundbuchordnung §§ 5, 6, 16, 17, 18, 28, 40, 48.

die Fragen, ob Bedenken gegen die gesetzliche Zulässigkeit gestellter Gesuche entstehen, ob die Anträge den formellen Vorschriften des Gesetzes entsprechen, ob die erforderliche Eintragung des Rechtsvorgängers bewirkt ist. Endlich entscheidet er über die Form der Eintragung gemeinschaftlicher Rechte, gleichviel, ob es sich hierbei um das gemeinschaftliche Vermögen einer Gesellschaft, um das Gesamtgut einer ehelichen Gütergemeinschaft oder um das gemeinschaftliche Vermögen von Miterben handelt.

Abweichend von den allgemeingültigen Grundsätzen sind ferner in § 18 des Ausführungsgesetzes zur Grundbuchordnung die Obliegenheiten des Grundbuchrichters für den Fall geregelt, daß durch eine Eintragung Hypotheken, Grundschulden oder Rentenschulden betroffen werden. Der Austausch von Feldesteilen oder — wovon später zu sprechen sein wird — die Aufhebung des Bergwerkseigentums ist nämlich gleichfalls auf das Ersuchen der Oberbergbehörde hin unter diesen Umständen einzutragen, ohne daß die sonst nach § 44 G.B.O. erforderliche Vorlegung der über das Recht erteilten Briefe oder sonstigen Urkunden zu verlangen wäre. Das Grundbuchamt hat indessen die Besitzer der Urkunden zu deren Vorlegung anzuhalten, um die Eintragungen auf den Briefen zu bewirken.

Zum dritten Abschnitt.

Vom Betriebe und der Verwaltung.

Der vom Bergwerkseigentum handelnde dritte Titel des Berggesetzes schließt in seinem dritten Abschnitte mit den

Vorschriften über Betrieb und Verwaltung. Da das Bergwerkseigentum vom Staate an den Bewerber ohne jede unmittelbare Gegenleistung verliehen wird, ohne daß deshalb ein animus donandi als vorliegend anzunehmen wäre, so kann als Rechtsgrund für die Verleihung nur, wie dies auch die Motive an verschiedenen Stellen ausdrücklich betonen, die Absicht des Staates erachtet werden, dem öffentlichen Interesse der Allgemeinheit zu dienen. Es unterliegt deshalb keinem Zweifel, daß die Staatsbehörde das Recht und die Pflicht hat, sich bei der Verleihung denjenigen Einfluß auf den Bergwerksbetrieb im Sinne einer Dienstbarkeit vorzubehalten, welcher erforderlich ist, um einen etwaigen Mißbrauch der verliehenen Rechte zu verhindern. Diese im Prinzip unbestrittene Tatsache hat in der Berggesetzgebung der verschiedenen Länder in sehr mannigfaltiger Weise ihren Ausdruck gefunden, indem auf der einen Seite der staatliche Einfluß bis zur unmittelbaren Bevormundung geht, — in Sachsen wird beispielsweise die Stärke der Belegschaft von der Aufsichtsbehörde für jedes Bergwerk festgesetzt — auf der anderen völlig auf jede obrigkeitliche Beeinflussung des Betriebes verzichten wird. Nach französischem Rechte mußte der künftige Betrieb eines Bergwerks schon bei der Konzessionserteilung durch einen Betriebsplan geregelt werden, welcher vom Ingénieur en chef zu entwerfen und als Lastenheft mit der Konzessionsurkunde zu verbinden war. Diese Grundsätze, welche nach Brasserts[1]) Überzeugung nicht nur mit dem Grundsatze der Selbstverwaltung, sondern auch mit einer

[1]) Zeitschr. f. Bergrecht, Bd. 15, S. 57.

rationellen Bergtechnik nicht in Einklang zu bringen sind, haben im elsaß-lothringischen Gesetze einer weitaus freieren Gestaltung Platz gemacht. Nach § 59 ist der Bergwerksbesitzer lediglich verpflichtet, das Werk zu betreiben, wenn der Unterlassung oder Einstellung des Betriebes nach der Entscheidung der Bergbehörde überwiegende Gründe des öffentlichen Interesses entgegenstehen. Solche Gründe sind im allgemeinen nur als vorliegend da zu erachten, wo Nichtbetrieb wegen Mangels der betreffenden Mineralien einen öffentlichen Notstand zur Folge haben würde[1]). Auf die Tatsache, daß durch das Ruhen des Betriebes der umwohnenden Bevölkerung die Gelegenheit entgeht, in der Nähe ihres Wohnortes Arbeit zu finden, kann hingegen die Aufforderung der Behörde zur Inbetriebsetzung eines Bergwerks nicht gestützt werden[2]).

Entspricht der Bergwerksbesitzer einer in dieser Hinsicht an ihn gerichteten Aufforderung der Bergbehörde nicht, so kann dies zum Erlöschen des Bergwerkseigentums nach Maßgabe der bezüglichen gesetzlichen Vorschriften führen. Obwohl indessen durch diese Bestimmungen einer unproduktiven Feldessperre seitens spekulativer Unternehmer vorgebeugt zu sein scheint, so erwiesen sich dieselben doch schon bald nach Einführung des Gesetzes nicht als ausreichend[3]). Die Folge hiervon war, daß das in Anlehnung an das preußische Gesetz erlassene Berggesetz für das Fürstentum Reuß j. L. im

---

[1]) Leoni u. Mandel, S. 259, Anm. 2.

[2]) Rekursbesch. v. 3. Mai 1901, Zeitschr. Bd. 42, S. 366.

[3]) Mitteilungen des Kaiserl. Oberpräsidiums aus der Verwaltung v. Elſ.-Lothr. 1871—1878, S. 146.

Jahre 1876 im Sinne der Wiedereinführung der Betriebspflicht abgeändert wurde [1]. Für Elsaß-Lothringen selbst hat eine Änderung des Gesetzes auf Grund dieser Erfahrungen nicht stattgefunden.

[1] Zeitschr. f. Bergrecht, Bd. 20, S. 1.

Zum vierten Titel.

Von den Rechtsverhältnissen der Mitbeteiligten eines Bergwerks.

„Der Bergbau ist nicht eines Mannes Sache". Dieses alte Axiom kann zwar nach der Zeit der Mackay, Barnato und Cecil Rhodes, der Silber-, Gold- und Diamantenkönige, keine unbedingte Geltung mehr beanspruchen. Immerhin haben als Unternehmer auf dem Gebiete des Bergbaus neben den einzelnen Großkapitalisten bei der unvermeidlichen Unsicherheit der Gewinnchancen die verschiedenen Formen der Bergbaugesellschaften ihre Bedeutung noch nicht verloren. Von diesen regelt das Gesetz im einzelnen die nur für das Gebiet des Bergwesens in Betracht kommende Gewerkschaft, und nur am Schluß des Titels wird bemerkt, daß auch jede andere Gesellschaftsform für die Ausübung des Bergwerkseigentums zulässig sei. Bei Erlaß der heutigen Berggesetze herrschte allerdings wohl die Ansicht, daß in der Praxis von dieser Erlaubnis kaum viel Gebrauch gemacht werden würde; denn noch der Kommissionsbericht des Abgeordnetenhauses zum preußischen Entwurf [1]) besagt, daß die Form der Aktien-Ge-

[1]) S. 49.

sellschaft in der Regel für den Bergbaubetrieb als eine höchst verfehlte bezeichnet werden müsse. Nun haben sich zwar heute auch in dieser Beziehung die Verhältnisse wesentlich verschoben, indem sich tatsächlich ein großer Teil der bestehenden Bergwerksbetriebe in der Hand von Aktien-Gesellschaften befindet; trotzdem ist auch gegenwärtig noch für viele Verhältnisse die Gewerkschaft als die beste, wenn nicht die einzig mögliche Form der Betriebsgemeinschaft zu erachten.

Das Gesetz regelt die Rechtsverhältnisse derselben in 40 Paragraphen, von welchen indessen nur etwa die Hälfte zwingendes Recht ist. Die übrigen sind dispositiver Natur und stellen gewissermassen ein Normalstatut dar, welches mangels anderer Vereinbarungen in Geltung tritt, im übrigen aber durch eine mit einer Mehrheit von 3 Vierteln aller Stimmen zu beschließende notarielle Satzung, welche der behördlichen Genehmigung unterliegt, beliebig abgeändert werden kann. Treffen hingegen die Mitbeteiligten eines Bergwerks vertragsmäßige Bestimmungen, welche mit zwingenden Vorschriften des Berggesetzes in Widerspruch stehen, so entsteht unter ihnen ein gewerkschaftliches Verhältnis überhaupt nicht, vielmehr ist das von ihnen getroffene Abkommen lediglich nach zivilrechtlichen Vorschriften zu beurteilen[1]). Dem gegenüber kommt die preußische Bestimmung, daß das dem heutigen Gesetze nicht entsprechende Statut einer vor der Einführung des Berggesetzes begründeten Gewerkschaft in Geltung bleiben darf, für Elsaß-Lothringen nicht in Betracht.

Grundsätzlich tritt die Gewerkschaft ins Leben mit dem Moment, in welchen das Bergwerkseigentum für mehrere

[1]) Urteil des Reichsgerichts v. 14. Dez. 1881, Entsch., Bd. 6, S. 281

Mitbeteiligte zu existieren beginnt, das heißt also mit der Verleihung, der Genehmigung oder der Eintragung im Grundbuch nach erfolgter Auflassung. Einer Genehmigung oder einer Eintragung der Gewerkschaft als solcher bedarf es zu ihrer Entstehung unbeschadet der durch § 2 H.G.B. begründeten Pflicht der Anmeldung zum Handelsregister eben so wenig, wie überhaupt der Vereinbarung, daß eine Gewerkschaft begründet werden soll, oder einer Satzung. Sie entsteht, mangels ausdrücklicher anderer Parteiverabredung als Gewerkschaft mit dem Normalstatut des Gesetzes.

Das Berggesetz stattet die Gewerkschaft mit allen wesentlichen Eigenschaften der juristischen Persönlichkeit aus[1]), obwohl letztere nicht mit ausdrücklichen Worten ausgesprochen ist, vielmehr nur die rechtlichen Ausflüsse der Personifizierung durch Gesetzesbestimmungen festgelegt werden.

Diese Form der Gesetzesredaktion hat allerdings zur Folge gehabt, daß lange Zeit hindurch eine Kontroverse darüber bestehen konnte, ob die für die verschiedenen Eventualitäten angeordnete Rechtsfähigkeit unter allen Umständen oder nur im Rahmen der Bergbautätigkeit Geltung haben sollte. Die Frage ist vom Reichsgericht am 28. September 1901 dahin entschieden worden, daß in Ermanglung eines ausdrücklichen gesetzlichen Verbots die Gewerkschaft für berechtigt erachtet werden muß, ihre Rechtsfähigkeit auch zu anderen, mit dem Bergbau nicht in unmittelbarem Zusammenhang stehenden Zwecken zu gebrauchen. Die Bedeutung dieses Urteils erstreckt sich jedoch nur auf die wirkliche, durch staatliche Ver-

[1]) Kommissionsbericht des Abgenordnetenhauses S. 54 u. Urteil d. R.O.H.G. v. 18. Jan. 1876, Entsch., Bd. 19, S. 191 u. a. m.

leihung des Bergwerkseigentums begründete Gewerkschaft, nicht aber, wie dies das preußische Kammergericht in einem Beschlusse vom 10. April 1901 ausspricht, auf andere Vereinigungen, welche behufs Ausübung des Grundeigentümerbergbaues gebildet sind. Doch auch für die wirkliche Gewerkschaft wird eine unbedingte Vermögensfähigkeit nicht durchweg anerkannt. So hat das Oberlandesgericht Braunschweig [1]) entschieden, und das Reichsgericht [2]) hat dies insofern bestätigt, als es die eingelegte Revision, allerdings nur aus formalen Gründen, zurückgewiesen hat, daß eine Gewerkschaft nicht in der Lage sei, neben dem eigentlichen Bergwerk Grundeigentümerbergbau zu betreiben und zur Deckung durch solchen hervorgerufener Ausgaben Zubußen von den Gewerken einzufordern. Noch weniger kann die vom Gesetze dem Grundeigentümerbergbau versagte Form der Gewerkschaft diesem auf dem Umwege dienstbar gemacht werden, daß die Mitbeteiligten ein bergrechtlich verliehenes minderwertiges Bergwerk erwerben [3]).

Ein die Handlungsfähigkeit der wirklichen, zu Recht bestehenden Gewerkschaft weiter einschränkender Bescheid des preußischen Handelsministers vom 9. September 1897 [4]) dürfte allerdings gegenüber der angeführten Entscheidung des Reichsgerichts vom 28. September 1901 und einem ferneren hiermit übereinstimmenden Urteil vom 23. November desselben Jahres nicht mehr aufrecht zu erhalten sein.

---

[1]) Entscheidung vom 5. Okt. 1900.

[2]) Entscheidung vom 19. Jan. 1901.

[3]) Rekursbescheid v. 18. April 1900, Zeitschr., Bd. 41, S. 375.

[4]) Zeitschr., Bd. 39, S. 242.

Die Organisation der Gewerkschaft ist in ihren Einzelheiten wesentlich dem Vorbilde der Aktiengesellschaft nachgebildet. Arndt schlägt demgegenüber in seinem Kommentar zum Berggesetz[1]) als besser geeignetes Muster die Form der Rhederei vor, ohne indessen für diese Ansicht in der Literatur viele Anhänger zu finden.

Ebenso wie bei der Aktiengesellschaft ist bei der Gewerkschaft das Gesellschaftsvermögen von demjenigen der Mitglieder scharf getrennt. Persönlich haftende Gesellschafter gibt es nicht, durch das Ausscheiden Einzelner wird die Gewerkschaft nicht aufgelöst, und kein Gewerke kann auf Teilung klagen.

In seiner Rechtseigenart wesentlich verschieden von der Aktie ist hingegen der gewerkschaftliche Anteil, der Kux. Die Bezeichnung desselben entstammt dem Iglauer Bergrecht[2]) und bedeutet wie das russische kus, kussok lediglich Anteil, Teil. Während nun die Aktie auf einen bestimmten Summenbetrag lauten muß, durch dessen Zahlung — eventuell unter Hinzufügung des Ausgabeagios — der Aktionär ein unentziehbares Recht auf denjenigen Gewinnanteil erlangt, welcher durch das Verhältnis des Nennwertes seiner Aktie zum Grundkapital ausgedrückt wird, ist die Leistungspflicht des Gewerken von vornherein eine unbestimmte. Der Leiter eines Bergwerksunternehmens kann nicht, wie die Gründer einer Aktiengesellschaft, vorausbestimmen oder auch nur annähernd schätzen, welcher Geldbetrag zur Durchführung des geplanten Unternehmens erforderlich sein wird. Deshalb gewährt der Kux

[1]) S. 118.

[2]) Laband, Vorlesung über Bürgerliches Recht, II. Teil.

vermöge der ersten auf ihn geleisteten Zahlung nicht nur ein Recht auf Beteiligung am Gewinn, sondern er überträgt auch die Verpflichtung, an der Aufbringung später erforderlich werdender Geldmittel durch Leistung von Zubußen teilzunehmen. —

Während die bisher genannten Eigenschaften des Kuxscheins im Laufe einer mehrere Jahrhunderte umfassenden Entwicklung unverändert geblieben sind, hat dieser in anderer Beziehung erhebliche Wandlungen durchgemacht. Noch nach dem preußischen Landrecht stellte derselbe nicht nur einen für sich übertragbaren Anteil an dem durch das Bergbaurecht der Gewerkschaft begründeten Gesamtrechtsverhältnisse, sondern ein im Grundbuch eingetragenes Miteigentumsrecht am Bergwerke selbst dar. Hieraus wurde zur großen Schädigung des Realkredits der Gewerkschaft die Rechtsfolge abgeleitet, daß jeder Kuxbesitzer befugt sei, seinen Anteil am Bergwerke hypothekarisch zu verpfänden. Das Bergwerk als Ganzes wurde auf diese Weise als Grundlage hypothekarischer Beleihung vollkommen ausgeschaltet. Das preußische Berggesetz erklärt demgegenüber, ebenso wie auch das elsaß-lothringische, den Kux für eine bewegliche Sache, welche kein Miteigentumsrecht am Bergwerke begründet, im Grundbuch demgemäß nicht eingetragen wird, wohl aber für sich gänzlich unabhängig von einer Beleihung des Bergwerks als Ganzes veräußert und verpfändet werden kann. Da das B. G. B. als Sachen nur körperliche Gegenstände anerkennt, so ist die berggesetzliche Definition nicht mehr zutreffend. Das preußische Ausführungsgesetz zum B. G. B. zieht diese Folgerung, indem es den Text des Berggesetzes: „Die Kuxe haben die Eigenschaft beweglicher Sachen“ durch die Worte: „.... gehören zum unbeweglichen Vermögen“ ersetzt. Diese Veränderung der Terminologie ist indessen wohl hauptsächlich theoretischer Natur und abgesehen von dem von Molitor[1]) angeführten Falle der Belastung des Kuxes mit einem Nießbrauch meist ohne praktische Konsequenzen. Wenn sie aus diesem Grunde im elsaß-lothringischen Ausführungsgesetze keine besondere Erwähnung gefunden hat, so scheint dies um so unbedenklicher, als auch früher, trotz des wohl nur im Gegensatz zu den älteren preußischen immobilen Kuxen gewählten Gesetzestextes der Kux in Rechtsprechung und Literatur übereinstimmend für ein Recht erklärt wurde[2]), dessen Eigentum infolgedessen auch ohne die gesetzliche Sonderbestimmung schon nach den allgemeinen landrechtlichen und gemeinrechtlichen Grundsätzen — ebenso wie zufolge §§ 398, 413 B. G. B. — unabhängig von der Aushändigung des Kuxscheins übertragen werde. Die hierdurch begründete Gefahr einer mehrfachen Übertragung des gleichen Kuxscheins an verschiedene Personen wurde früher in der Literatur von Klostermann, Lindemann, Arndt und Brassert nicht übereinstimmend rechtlich beurteilt. Heute dürfte die Frage in jedem Falle nach den allgemeinen Grundsätzen des B. G. B. (§§ 398, 407, 408, 413) zu entscheiden sein.

Die Zahl der Kuxe beträgt im allgemeinen 100; wenn sie, wie dies das Gesetz zuläßt, durch die Satzung auf 1000 festgesetzt wird, so unterliegt diese Bestimmung, wie das ganze Statut, der Genehmigung der Oberbergbehörde. Nach fest-

---

[1]) S. 204.

[2]) Urteil des Obertribunals v. 14. Sept. 1877. Entsch., Bd. 80, S. 297 und Klostermann, Zeitschr., Bd. 18, S. 221.

stehender Verwaltungspraxis wird diese Genehmigung „aus Gründen des öffentlichen Interesses" für Bergwerke kleineren Umfangs regelmäßig versagt, damit nicht der Kux im Sinne der englischen Pfundaktie zu einem Spielpapier für die weniger bemittelten Volksklassen werden kann. Aus dem gleichen Grunde ist eine Teilung der Kuxe prinzipiell verboten, die börsenmäßige Veräußerung wird zudem durch die Bestimmung, daß die Scheine nur auf den Namen und nicht auf den Inhaber lauten dürfen, nach Möglichkeit erschwert. In Sachsen ist die Festsetzung der Kuxzahl der freien Vereinbarung der Beteiligten durch das genehmigungspflichtige und hier obligatorische Statut überlassen, eine Freiheit, die durch die weitgehende Aufsichtsbefugnis des sächsischen Rechts ausgeglichen wird.

Alle Gewerken und Kuxscheine werden in ein Gewerkenbuch eingetragen, um die Mitgliedschaft und das Beteiligungsverhältnis in glaubhafter Form zu beurkunden und die Sicherheit des Verkehrs mit Gewerkschaftsanteilen zu befördern [1]).

Zur rechtlichen Existenz des Kuxes ist das Bestehen des Bergwerkseigentums die unerläßliche Vorbedingung, ein vor der Verleihung bezw. Eintragung ausgegebener Kuxschein ist ebenso wie eine vorzeitig ausgegebene Aktie nichtig. Der Inhaber ist schadensersatzberechtigt, es sei denn, daß er erkennen mußte, daß tatsächlich nur eine Kuxpromesse in der Form eines Kuxes ausgestellt war [2]).

---

[1]) Motive zum preußischen Entw., S. 74.

[2]) Entscheidungen des Reichsoberhandelsgerichts vom 21. Okt. 1875, 21. Dez. 1876, 29. April 1878 und 15. Sept. 1879.

Die Unzulässigkeit der Kuxausgabe vor der Begründung bezw. Übertragung des Bergwerkseigentums ergibt sich als notwendige Folgerung aus der Rechtseigenart der Gewerkschaft; denn es tritt diese, wie gesagt, ohne weiteres mit dem Erwerb des Bergwerkseigentums, aber auch nur mit diesem ins Leben. Unzulässig ist daher die Begründung einer Gewerkschaft für ein noch nicht rechtsgiltig erworbenes oder seinem veränderten Umfange nach noch nicht genehmigtes Bergwerk, sei es, daß zwar die Mutung eingelegt, aber noch keine Verleihung erfolgt ist, oder daß eine beantragte Konsolidation oder Feldesteilung noch nicht die Bestätigung der Oberbergbehörde gefunden hat[1]).

Dem gesetzlichen Normalstatut zufolge fassen die Gewerken ihre Beschlüsse in Gewerkenversammlungen nach absoluter Mehrheit der vorhandenen Kuxe, wobei für die Beschlußfähigkeit der Versammlung genaue Einzelvorschriften gegeben sind. Ein Beschluß, welcher auf Verkauf, Tausch, Belastung oder Verpfändung des Bergwerks lautet, bedarf einer Mehrheit von 3 Vierteln aller Kuxe, zur Verfügung über das verliehene Bergwerkseigentum ist Einstimmigkeit erforderlich. Da lege ferenda erwähnt hierzu Brassert[2]) den mehrfach gemachten Vorschlag, für Konsolidationen es mit einfacherer Mehrheit genügen zu lassen, da solche vielfach, besonders wenn es sich dabei um ein verlassenes Bergwerk handelte, an der Unmöglichkeit, die gesetzliche Zustimmung von 3 Vierteln aller Kuxe zu beschaffen, gescheitert seien. Gegen die Beschlüsse der Gewerkenversammlung steht der Minderheit der

[1]) Entscheidung des Reichsgerichts vom 12. Nov. 1884, Bd. 27, S. 21.
[2]) Berggesetz, S. 317.

Rechtsweg offen, wodurch indessen, abgesehen von den Fällen, in welchen es sich um die Substanz des Bergwerks oder um die Erhebung von Zubußen handelt, die Ausführung des Beschlusses nicht aufgehalten wird[1]). Zur Begründung des Anspruchs auf Aufhebung eines Gewerkschaftsbeschlusses hat, wie nach langen Auseinandersetzungen in der Literatur heute anerkannt wird[2]), der Anfechtende den Nachweis zu führen, daß der Beschluß nicht zum Besten der Gewerkschaft gereicht; die entgegengesetzte Auffassung, nach welcher die Gewerkschaft die Beweislast treffen sollte, wurde auf den Grundsatz: „potior est causa prohibentis“ gestützt.

Die Gewerkschaft führt im allgemeinen den Namen des Bergwerks; daß sie wechselfähig ist, ergibt sich aus ihrer allgemeinen Rechtsfähigkeit. Ihr Gerichtsstand ist nach § 17 Z.P.O. bei dem Gerichte, in dessen Bezirk das Bergwerk liegt; wenn außerdem ein durch Statut oder in anderer Weise geregelter Gerichtsstand zulässig ist, so kommt als solcher in erster Linie der Gerichtsstand des Verwaltungssitzes in Betracht. Die Gewerkschaft muß in der Regel einen Vorstand haben, der, wenn er nur aus einer Person besteht, die Bezeichnung „Repräsentant“ führt. Die Bestimmung ist, ebenso wie die Anordnung der Gewerkenversammlung, dispositiver Natur, was ja bei der gesetzlichen Zulässigkeit einer Gewerkschaft von nur zwei Personen natürlich ist. Die Vertretungsmacht ist zunächst unbeschränkt, auch hinsichtlich der Ver-

---

1) Brassert, S. 323, Klostermann, Anm. 248.

2) So Brassert, preußisches Berggesetz, S. 322, Oppenhoff, Kommentar zum Berggesetze Nr. 632, Raht in d. Zeitschr., Bd. 12, S. 118, Esser, Gewerksch. S. 54, anderer Ansicht Arndt, Komm. z. Berggesetz. S. 133.

äußerung und Belastung von Grundstücken, nur zur Erhebung von Beiträgen und zu Anordnungen, welche in der Gewerkenversammlung einer 3/4-Mehrheit bedürfen würden, ist eine Spezial-Legitimation erforderlich. Durch die Satzung kann die Vertretungsmacht des Vorstandes mit Wirkung gegen Dritte erweitert oder beschränkt werden. Ein Aufsichtsrat ist vom Gesetz nicht vorgesehen, für bedeutende Bergwerke wird seine Einsetzung durch Statut empfohlen von Brassert[1]) und Esser[2]).

Über die Auflösung der Gewerkschaft trifft das Gesetz keine ausdrücklichen Bestimmungen; die Regeln sind somit aus allgemeinen Rechtsgrundsätzen abzuleiten. Brassert nennt fünf Auflösungsgründe[3]): Übereinkommen der Mitbeteiligten, Aufhebung des Bergwerkseigentums, Veräußerung des Bergwerks, Vereinigung sämtlicher Kuxe in der Hand eines Mitbeteiligten, Konkurs.

Das Übereinkommen kann sowohl in der Form eines einstimmigen Beschlusses, wie auch wegen Ablaufs der in der Satzung bestimmten Zeit getroffen werden, wobei es sich um eine Vermögensteilung oder um eine Umwandlung, beispielsweise in eine Aktiengesellschaft handeln kann. Die Gläubiger sind vorher zu befriedigen, widrigenfalls sie die einzelnen Gewerken auf die Liquidationsquote belangen können. Über die Aufhebung wird am Schluß zu sprechen sein, ebenso über die Veräußerung, deren rechtliche Folgen lange Zeit streitig waren. Das Appellationsgericht Hamm[4]) wollte mit dem

---

[1]) Zeitschr. für Bergrecht, Bd. 7, S. 356 und Bd. 17, S. 354.
[2]) Gewerkschaft, S. 11.
[3]) Preuß. Berggesetz, S. 279 ff.
[4]) Entscheidungen v. 5. Juni und 5. Aug. 77.

Ende des Bergwerkseigentums der Gewerkschaft jegliche Rechtsfähigkeit entziehen, Obertribunal, Reichsoberhandelsgericht und Reichsgericht [1]) entschieden hingegen im Interesse der allgemeinen Rechtssicherheit, daß auch nach dem Auflösungsbeschluß und nach der Veräußerung die Gewerkschaft behufs Abwicklung noch schwebender Rechtsgeschäfte fortbestehe, solange noch ungeteiltes Vermögen vorhanden sei. In dem gleichen Sinne hat sodann das O.L.G. Hamm [2]), das Kammergericht [3]) und endlich das Reichsgericht [1]) entschieden, daß auch durch Vereinigung aller Kuxe in einer Hand die Gewerkschaft nicht ohne weiteres zu bestehen aufhöre; eine Gesamtnachfolge findet in diesem Falle nicht statt, vielmehr hat Auflassung bezw. Übergabe der einzelnen Vermögensstücke zu erfolgen. — Das Ende der Rechtsfähigkeit durch Eröffnung des Konkurses entspricht den allgemeinen Grundsätzen, die Rechtstätigkeit endet mit dem Augenblick, in welchem der Konkursverwalter das Vermögen in Besitz nimmt.

Hinsichtlich der Kuxscheine wurde schon bemerkt, daß für ihre Übertragung das Berggesetz in wesentlicher Übereinstimmung mit dem B.G.B. Schriftform — das heißt einseitige schriftliche Erklärung des Veräußerers — verlangt; nach dem B.G.B. wäre formloser Vertrag genügend. Die Verpfändung der Kuxe geschieht durch Übergabe des Kuxscheins auf Grund eines schriftlichen Vertrages, während für die Zwangsvollstreckung in das Vermögen eines Gewerken die §§ 803, 808, 821, 822 Z.P.O. maßgebend sind.

---

[1]) Entsch. v. 19. Febr. 1901.

[2]) Entsch. v. 6. Juni 1899.

[3]) Entsch. v. 9. Okt. 1899.

(Pfändung, Verkauf bezw. Versteigerung und Umschreibung auf Grund einer Ermächtigung des Vollstreckungsgerichts.) Die besondere Eigenart des Kuxes drückt sich endlich darin aus, daß der Gewerke in die Lage kommen kann, auf denselben zu verzichten, da ja der Kurschein nicht nur Rechte, sondern auch Pflichten in sich schließt, und zwar in erster Linie die Pflicht, die von der Gewerkenversammlung für nötig erachtete Zubuße zu leisten. Ist ein Gewerke hierzu nicht imstande oder will er es nicht, weil er vielleicht das ganze Unternehmen für aussichtslos hält, so kann er eine Verurteilung und Zwangsvollstreckung dadurch abwenden, daß er unter Überreichung des Kurscheines den Verkauf seines Anteils behufs Befriedigung der Gewerkschaft anheimstellt. Damit sind sämtliche Rechte und Pflichten des Gewerken, soweit dieselben mit dem Vermögen der Gewerkschaft zusammenhingen, erloschen.

Der Gewerkschaft gegenüber ist nur der im Gewerkenbuche eingetragene Inhaber des Kurscheins zur Geltendmachung der aus diesem sich ergebenden Rechte befugt, was indes nicht hindert, daß die Gewerkschaft eine fällige Zubuße auch von den nicht eingetragenen Eigentümern einfordern kann. Veräußerer und Erwerber des Kurscheins haften in solchem Falle als Gesamtschuldner, durch den Verzicht des Letzteren wird indes auch der Vorbesitzer befreit[1]). Der Kux geht durch den Verzicht in das Eigentum der Gewerkschaft über; eine Kaduzierung, wie sie früher in Preußen zulässig war, wird durch die gesetzlich bestimmte Gesamtzahl der Kuxe unmöglich.

---

[1]) Entsch. des Reichsgerichts v. 8. März 1902.

Das Aufgebotsverfahren zum Zwecke der Kraftloserklärung eines Kuxscheins war im Berggesetze besonders geregelt. Diese Bestimmungen wurden durch die Zivilprozeßordnung weder unbedingt aufrecht erhalten, noch auch beseitigt, vielmehr gestattete nur § 11 des Einführungsgesetzes die Vorschriften der Zivilprozeßordnung hinsichtlich der den Landesgesetzen vorbehaltenen Materien auszuschließen oder durch andere zu ersetzen. Da beides nicht geschehen ist, so hat das Aufgebot nach den allgemeinen Regeln der §§ 1004—1018 Z.P.O. zu erfolgen.

Eide werden für die Gewerkschaft nicht mehr nach § 99 des Berggesetzes durch den Repräsentanten oder Grubenvorstand sondern in Gemäßheit der besonderen Bestimmungen der §§ 472—477 Z.P.O. geleistet.

Was das Verhältnis der Gewerkschaft zu der mehrfach zum Vergleich herangezogenen Aktiengesellschaft betrifft, so entspricht wohl die erstere am besten dem in der Entwicklung begriffenen Bergwerk mittlerer Ausdehnung. Die Entbehrlichkeit von Grundkapital und Reservefond, die Verteilung der Ausbeute und Anforderung der Zubuße je nach Bedarf, endlich die Möglichkeit von letzterer durch Verzicht auf den Kux sich zu befreien, alle diese Einrichtungen entsprechen den wirtschaftlichen Bedürfnissen des Bergbaues. Ein für alle Fälle ausreichendes Grundkapital würde die Kräfte der Gewerken früher, vielleicht auch mehr als überhaupt nötig in Anspruch nehmen, niedrige Dividenden müßten den Kredit des Bergwerks schädigen, und ohne die Möglichkeit des Verzichts auf das Mitgliedschaftsrecht endlich könnte ein wenig bemittelter Gewerke von den wohlhabenderen oder waghalsigeren Genossen ruiniert werden.

Alle diese Erwägungen treten für die in großartigerem Umfange betriebenen Bergwerksunternehmungen zurück, zu deren Finanzierung weitere Kreise von Kapitalisten herangezogen werden, ohne daß bei diesen, wie bei den Gewerken, ein persönliches Interesse am Bergwerk erwartet würde. So hat sich denn trotz der Voraussage in den Motiven (siehe S. 52) die Aktiengesellschaft die Gleichberechtigung mit der Gewerkschaft errungen. Ein Fehler, welcher früher der Letzteren anhaftete, der Mangel der Publizität, ist inzwischen durch das Handelsgesetzbuch [1]) gehoben, denn da zweifellos sämtliche Gewerkschaften nach Art und Umfang einen kaufmännisch eingerichteten Geschäftsbetrieb erfordern, so sind sie auch sämtlich zum Handelsregister anzumelden, woraus sich die Verpflichtung zur Veranlassung der ferneren Eintragungen ohne weiteres ergibt.

---

[1]) §§ 2, 15, 32; Art. 5 E.G.

Zum fünften Titel.

Von den Rechtsverhältnissen zwischen den Bergbautreibenden und den Grundbesitzern.

Da der Inhalt der Bergbauberechtigung ein durchaus eigenartiges Gebilde innerhalb des allgemeinen Rechtssystems darstellt, welches auch von dem zum Vergleiche herangezogenen Erbbaurecht insofern verschieden ist, als bei diesem der Grundeigentümer einen Teil seines Rechts freiwillig im Wege privater Vereinbarung gegen eine von ihm zu bestimmende Vergütung aufgibt, während bei Begründung des Bergwerkseigentums der Grundbesitzer gezwungen wird, fremde Eingriffe in seine Rechtssphäre zu dulden, so bedurften hier Rechte und Pflichten beider Parteien einer besonders scharfen gesetzlichen Umgrenzung. Der Titel behandelt in seinem ersten Abschnitt die Grundabtretung, im zweiten den Ersatzanspruch für Beschädigungen nicht zur Benutzung abgetretenen Geländes, im dritten das besondere Verhältnis des Bergbaus zu den öffentlichen Verkehrsanstalten.

Zum ersten Abschnitt.

Von der Grundabtretung.

Das Verleihungsprinzip, welches von der Rechtsauffassung ausgeht, daß dem Grundeigentümer kein Recht irgend welcher

Art an den senkrecht unter seinem Eigentum verborgen liegenden Bodenschätzen zusteht, findet seine endgültige Ergänzung in dem weiteren Grundsatze, daß dem Grundbesitzer aus dem Bergbau selbst kein Nutzen aber auch keinerlei Schaden erwachsen soll. Die Durchführung dieses Prinzips wird allen begründeten Ansprüchen gerecht, während beispielsweise die französische Bestimmung, nach welcher der Bergbautreibende dem Grundeigentümer für die Benutzung seiner Grundstücke das Doppelte ihres bisherigen Reinertrages zu vergüten hat, dem Bergbau eine Last aufbürdet, welche dieser oftmals nicht zu tragen vermag.

In wesentlicher Übereinstimmung mit den für die Schürffreiheit getroffenen Anordnungen bestimmt zunächst das Gesetz, daß der Grundbesitzer — sei er Eigentümer oder Nutzungsberechtigter —, dem Bergwerkseigentümer alle diejenigen Grundstücke zur Benutzung zu überlassen hat, deren dieser zu seinem — im weitesten Sinne aufgefaßten — Bergbaubetriebe einschließlich der Aufbereitungsanstalten bedarf. Über die Abtretung hat der Bergbauberechtigte mit dem Grundbesitzer die erforderliche Einigung vor der Benutzung des betreffenden Grundstücks herbeizuführen, während für mittelbare Beschädigungen, welche ein Grundstück infolge des Bergbaubetriebes erleidet, nachträglich Ersatz zu leisten ist. Streitig war in dieser Hinsicht, nach welchen Grundsätzen für den Braunkohlenbergbau zu verfahren sei, wenn, wie es bei diesem die Regel ist, zunächst der Abbau unterirdisch erfolgt, dann aber die ganze Oberfläche des Grundstücks zu Bruch gehauen wird. Das Reichsgericht[1]) hat diese Frage

[1]) Urteil vom 4. Mai 1887.

dahin entschieden, daß in solchem Falle eine vorherige Abtretung herbeizuführen und nicht erst nachträglich für die verursachte Beschädigung Ersatz zu leisten ist[1]. Ein Antrag auf Abänderung der mit dieser Entscheidung übereinstimmenden Verwaltungspraxis der Bergbehörden wurde am 6. April 1890 durch den preußischen Handelsminister abgelehnt[2]. Ein planmäßiges Zubruchhauen der Erdoberfläche ist allerdings nicht als vorliegend zu erachten, wenn sich das Deckgebirge infolge eines in einer Teufe von 64 Meter umgegangenen Bergbaus überwiegend als Ganzes gesenkt hat und an der Oberfläche nur schwache und wenig tiefe Risse vorhanden sind[3].

Eine zweite Kontroverse knüpfte sich an die Frage, in welcher Weise die preußischen Privatflüsse vom Bergbau in Anspruch genommen werden dürfen; obgleich es nun Privatflüsse in Elsaß-Lothringen nicht gibt, so dürfte die preußische Judikatur doch im wesentlichen auf die nicht schiff- und flößbaren, in Niemandes Eigentum stehenden Flüsse des Reichslandes anzuwenden sein, da den Ufernbesitzern hier ähnliche Rechte, wie den preußischen Flußeigentümern zustehen. Die Rechtsprechung des Reichsgerichts hat in dieser Frage geschwankt, indem dasselbe Anfangs den Bergwerkseigentümern die Benutzung der in Rede stehenden Flüsse zur Ableitung der Grubenwasser unbedingt untersagte, vom Jahre 1886 ab

---

[1]) Die Frage erörtern ferner Schenkel, Bergbau, S. 449 und Westhoff in der Zeitschr. f. Bergrecht, Bd. 41, S. 78.

[2]) Zeitschr. Bd. 40, S. 492.

[3]) Gemeinsch. Rekursbesch. d. preuß. Minister f. Handel und Landwirtschaft vom 29. August 1902, Z., Bd. 44, S. 162.

aber einen solchen Gebrauch zuließ, soweit er in den gemeinüblichen, regelmäßigen Grenzen bleibe. Werden diese Grenzen überschritten, so haben die Eigentümer ein Widerspruchsrecht[1]), das im Klagewege geltend zu machen ist; schadensersatzpflichtig macht so beispielsweise die Einführung von Salzen[2]) oder andern schädigenden Stoffen[3]) in einen Fluß, wenn dadurch der Betrieb einer an dessen Ufer gelegenen Fabrik gestört wird. Wird ferner ein Grundstück von einer Drahtseilbahn überspannt, so ist nach der neuesten Verwaltungspraxis die ganze überspannte Fläche in der Breite des durchschnittenen Luftraums als benutzt anzusehen, sofern der Grundeigentümer an der Ausschließung des Eingriffs in den Luftraum ein Interesse hat[4]).

Die Abtretung ist zu versagen, wenn überwiegende Gründe des öffentlichen Interesses eine solche verbieten. Allerdings müssen diese Gründe tatsächlich „überwiegend" sein, und es kann nicht etwa zum Schutze einer inmitten eines Kohlenreviers entdeckten, angeblich gemeinnützigen Soolquelle das Stehenbleiben eines Sicherheitspfeilers von 10 km Durchmesser beansprucht werden, der eine Kohlenmenge im Werte von 5 Milliarden dem Nationalvermögen entziehen würde[5]).

---

[1]) Entsch. d. Reichsger. v. 16. Nov. 1896, 19. Juni 1897.

[2]) Desgl. v. 1. Juni 1899.

[3]) Entsch. d. Reichsger. v. 15. März 1902.

[4]) Rekursbesch. d. preuß. Ministers f. Handel und Landwirtschaft vom 20. Mai 1903, Zeitschrift, Bd. 44, S. 373; die entgegengesetzte Auffassung vertrat ein Rekursbescheid vom 23. November 1900, Zeitschr., Bd. 42, S. 237.

[5]) Diesen Fall erörtert Westhoff in der Zeitschr. f. Bergrecht, Bd. 43, S. 450 ff.

Ähnlich wie dies hinsichtlich der Verweigerung der Schürferlaubnis bestimmt ist, kann ferner die Abtretung seitens des Grundeigentümers verweigert werden, wenn es sich um Gebäude oder um in Verbindung mit solchen eingefriedigte Hofräume handelt. Nach feststehender preußischer Verwaltungspraxis wird jedoch die Befreiung nur gewährt, wenn die betreffenden Bauten wenigstens begonnen sind, das Bauprojekt allein genügt nicht [1]). Ein anderer Bergwerkseigentümer genießt für seinen Grundbesitz keinerlei Vergünstigungen, ist vielmehr der Abtretungspflicht wie jeder andere Eigentümer unterworfen.

Der Bergwerksbesitzer ist demgegenüber verpflichtet, dem Grundbesitzer für die entzogene Nutzung jährlich im voraus vollständige Entschädigung zu leisten, „damit", wie die Motive [2]) sagen, „dem Grundbesitzer die notwendige Sicherheit und die Nutzung des Entschädigungspreises an Stelle der entbehrten Nutzung des Grundstücks verschafft wird". In jedem Falle ist indessen zu prüfen, welche positiv bestimmten Vorteile der Grundbesitzer dem Bergwerksbetrieb hat opfern müssen, da nur für solche, nicht aber für den Verzicht auf einen ungewissen, vielleicht möglichen Gewinn Ersatz zu leisten ist [3]).

Nach beendigter Benutzung hat der Bergwerksbesitzer das Grundstück zurückzugeben; der Grundbesitzer ist demnach zur Rückforderung berechtigt, wenn der Betrieb tatsächlich vollkommen eingestellt ist, und es kann daran die Behauptung des Bergwerksbesitzers, es seien noch abbauwürdige Mineral-

---

[1]) Rekursbesch. v. 18. Januar 1898, Zeitschr., Bd. 39, S. 246.

[2]) S. 84.

[3]) Entsch. d. Reichsger. vom 12. Mai 1886.

rückstände vorhanden, nichts ändern[1]). Tritt durch die Benutzung eine Wertminderung des Grundstücks ein, so ist der Bergbauberechtigte hierfür — nachträglich — ersatzpflichtig, doch kann er schon im voraus zur Stellung einer angemessenen Sicherheitsleistung — nach den näheren Bestimmungen der §§ 232—240 B.G.B. — angehalten werden. Die Pflicht zur Sicherheitsleistung ist jedoch nicht auf die Entschädigung für Benutzung, sondern nur für die Wertminderung zu beziehen[2]), für welche letztere sie indessen von jedem Grundeigentümer zu jeder Zeit beansprucht werden kann[3]).

Dem Bergbauberechtigten steht dem Grundeigentümer gegenüber nur ein Benutzungs-, kein Enteignungsrecht zu, wogegen der Grundeigentümer in drei Fällen verlangen kann, daß der Bergbauberechtigte das Eigentum an dem von ihm benutzten Grundstücke, ebenso wie der Schürfer, erwirbt; nämlich erstens, wenn eine erhebliche Wertminderung durch die Benutzung herbeigeführt worden oder aber mit Sicherheit zu erwarten ist; zweitens, falls die Benutzung über drei Jahre andauert, und zwar kann hier der Eigentümer die Erwerbung in dem Moment verlangen, in welchem die Verhältnisse nach dieser Richtung hin geklärt sind; drittens, wenn durch die verlangte Abtretung einzelner Grundstücksteile das Ganze zum Nachteil des Eigentümers zerstückelt wird. In letzterem Falle hat dieser zunächst das Recht, jährliche Entschädigung für die Benutzung des gesamten Grundstücks zu beanspruchen; die Erwerbung des Ganzen kann er nach übereinstimmender

---

[1]) Entscheidung des Reichsgerichts v. 17. Oktober 1900.

[2]) Desgleichen v. 7. Nov. 1887.

[3]) Desgleichen v. 14. November 1894.

Ansicht von Klostermann [1]), Arndt [2]) und Brassert [3]) nur beanspruchen, wenn die Voraussetzungen des ersten oder zweiten Falles für einen der Grundstücksteile vorliegen.

Der Wertberechnung der abzutretenden Grundstücke, welche behufs Feststellung der Entschädigungspflicht erforderlich wird, ist der bisherige Reinertrag als Maßstab zugrunde zu legen; eine Werterhöhung, welche das Grundstück erst infolge der neuen Anlagen erhält, bleibt außer Ansatz.

Die vorstehenden Bestimmungen sind im wesentlichen dem preußischen Berggesetze nachgebildet, doch ist das dort dem Grundeigentümer eingeräumte Vor- bezw. Wiederkaufsrecht nicht mit übernommen. Ein Bedürfnis hierfür schien nicht vorzuliegen, da einerseits eine Eigentumsübertragung nur auf ausdrückliches Verlangen des Grundeigentümers stattfindet, außerdem aber, da es sich um eine freiwillige Veräußerung handelt, der Veräußerer sich im Kaufvertrage das Wiederkaufsrecht vorbehalten kann. Im übrigen hat der Gesetzgeber durch möglichst erschöpfende Regelung der durch die vielfach wenig bestimmte und wohl zu allgemein gehaltene Fassung des französischen Gesetzes hervorgerufenen Rechtsunsicherheit mit Einführung der deutsch-rechtlichen Grundsätze ein Ende bereitet.

Auch der Weg, auf welchem Meinungsverschiedenheiten unter den Parteien oder zwischen diesen und den Behörden auszugleichen sind, ist vom Gesetze vorgeschrieben, und zwar sind im Ganzen drei Instanzenzüge zu unterscheiden.

---

1) Anm. 303.
2) S. 150.
3) S. 370.

Die Höhe der für die Grundabtretung zu zahlenden Entschädigung und der Sicherheit, welche für eine voraussichtliche Wertminderung zu leisten ist, wird, falls sich die Beteiligten nicht gütlich einigen können, durch die Bergbehörde in Gemeinschaft mit dem Kreisdirektor unter Zuziehung von Sachverständigen in erster Instanz „vorläufig festgesetzt", wobei die am Ort über den Wert der in Frage kommenden Grundstücke herrschende Meinung zweckmäßig als Grundlage für die Wertbestimmung benutzt werden kann [1]). Im übrigen sind die Behörden an das Gutachten der Sachverständigen ebensowenig wie demnächst der Richter gebunden, vielmehr können sie beispielsweise sogar einen Teil des Gutachtens ihrer Entscheidung zugrunde legen und gleichzeitig einen anderen als nicht überzeugend verwerfen [2]).

Im Gegensatz zu Preußen, wo diese Tätigkeit der Oberbergbehörde und dem Bezirksausschuß zugewiesen ist, erschien es zweckmäßig, an die Stelle derselben die nachgeordneten Behörden treten zu lassen, um deren genauere Kenntnis der lokalen Verhältnisse bei dem Schätzungsgeschäft zu verwerten. Ist einer der Beteiligten mit der von der Behörde festgesetzten Entschädigung nicht einverstanden, so kann er, da es sich alsdann um einen privaten Anspruch unter den Parteien handelt, diesen im Wege der gerichtlichen Klage geltend machen.

Die übrigen hinsichtlich der zwangsweisen Abtretung und Erwerbung auftauchenden Fragen werden zunächst in der nämlichen Weise unter Zuziehung von Sachverständigen durch Bergbehörde und Kreisdirektor entschieden. Gegen den Be-

---

[1]) Entsch. d. Reichsger. vom 25. Oktober 1883.

[2]) Desgl. v. 2. Dez. 1899.

schluß ist alsdann jedoch der Verwaltungsrekurs an die durch die Oberbergbehörde (das Ministerium, s. u.) gebildete zweite Instanz nach den für das Rekursverfahren gegebenen formellen Vorschriften des achten Titels, und zunächst nicht der Rechtsweg zulässig. Die Rekursentscheidung ist in zwei Fällen durch gerichtliche Klage anfechtbar, wenn nämlich entweder der Bergwerksbesitzer eine verlangte Grundstückserwerbung ablehnt, oder aber, wenn der Eigentümer seine Verpflichtung zur Abtretung eines Grundstücks unter der Berufung auf einen speziellen Rechtstitel oder mit der Motivierung bestreitet, daß dasselbe überbaut sei bezw. daß es als Hof diene. Auch in diesem Falle ist die Klage indessen erst zulässig, nachdem die in erster Linie zur Prüfung der Frage berufenen Enteignungsbehörden in der Sache entschieden haben[1]). In allen übrigen Fällen ist die Entscheidung der Rekursbehörde endgültig. Können sich die zur Beschlußfassung berufenen Behörden nicht einigen, so muß nach übereinstimmender Ansicht von Brassert[2]), Arndt[3]) und Klostermann[4]) der Antrag auf zwangsweise Abtretung bezw. Erwerbung als abgelehnt behandelt und demgemäß durch gemeinschaftlichen Beschluß zurückgewiesen werden, so daß das Rekursrecht des Antragstellers gewahrt bleibt.

Den Verfügungen der Verwaltungsbehörden, bezw., falls gegen sie der Rekurs zulässig ist, den entsprechenden Rekursentscheidungen, ist, soweit sie nicht überhaupt unanfechtbar

---

[1]) Entsch. d. Reichsger. v. 3. Nov. 1879.

[2]) Preuß. Berggef., S. 380.

[3]) S. 153.

[4]) Anm. 323.

sind, vom Gesetz die Eigenschaft der vorläufigen Vollstreckbarkeit beigelegt. Beschreitet einer solchen gegenüber der Grundeigentümer den Rechtsweg, so wird durch Erhebung der Klage auf Zubilligung einer höheren Entschädigung oder Sicherheitsleistung der Bergbauberechtigte nicht gehindert, die beanspruchten Grundstücke tatsächlich in Besitz zu nehmen. Nur ist er verpflichtet, die von den Behörden vorläufig festgesetzten Beträge zu zahlen oder aber, nachdem er den Grundeigentümer in Annahmeverzug gesetzt hat, zu hinterlegen. Ist dies hingegen geschehen, so liegt es den beschlußfassenden Behörden ob, auf Antrag des Bergwerksbesitzers ihre Entscheidung zwangsweise vollziehen zu lassen, bezw., wenn es sich um Abtretung zum Eigentum handelt, die Umschreibung im Grundbuche von Amts wegen herbeizuführen[1]). Ein objektiv unberechtigter Eingriff des Grundbesitzers in die Rechtssphäre des Bergwerkseigentümers macht jenen schadensersatzpflichtig, ohne daß hierfür der Nachweis eines Verschuldens zu erbringen wäre[2]). Nicht mehr vollkommen zutreffend dürfte eine Entscheidung des ehemaligen preußischen Obertribunals sein, welches am 26. Juni 1876 für den Fall Bestimmung traf, daß der Bergbautreibende vor erfolgter Verabredung fremde Grundstücke benutzte. Wenn in diesem Urteil der geschädigte Grundbesitzer angewiesen wird, auf dem Rechtswege sich verbotener Eigenmacht zu erwehren, so würde wohl heute in erster Linie Abhilfe gemäß § 859 B. G. B. in Frage kommen.

---

[1]) Fleckser, i. d. Zeitschr. f. Bergrecht, Bd. 15, S. 341 u. Brassert, Preuß. Bergrecht, S. 383.

[2]) Entsch. des O. L. G. Hamm v. 5. November 1897 und d. Reichsger. vom 8. Juni 1898.

Über die Kosten des Abtretungsverfahrens — das Gesetz nennt es Expropriationsverfahren — ist der allgemeinen ratio legis entsprechend bestimmt, daß dieselben für die erste Instanz unter allen Umständen der Bergbauberechtigte, als derjenige, welcher sie veranlaßt hat, tragen muß; für die Rekursinstanz fallen sie der unterliegenden Partei zur Last.

Zum zweiten Abschnitt.

Von dem Schadensersatze für Beschädigungen des Grundeigentums.

Nach denselben Prinzipien, nach welchen das Gesetz den Bergwerkseigentümer für die Benutzung vom fremdem Grund und Boden und dessen hierdurch herbeigeführte teilweise oder völlige Entwertung schadensersatzpflichtig macht, verpflichtet es sie ferner zu einer vollständigen Entschädigung für diejenige Wertminderung, welche nicht unmittelbar benutzte Grundstücke und deren Zubehörungen infolge des Bergbaubetriebes erlitten haben. Hierbei macht es keinen Unterschied, ob der Betrieb unter dem beschädigten Grundstück stattgefunden hat oder nicht, ob die Beschädigung von dem Bergwerksbesitzer verschuldet ist, ob sie vorausgesehen werden konnte.

Schon vor Erlaß des preußischen Berggesetzes hatte die Gerichtspraxis erkennen lassen, daß dieser Paragraph — 148 des preußischen, 127 des elsaß-lothringischen Berggesetzes — der Mehrzahl aller überhaupt in Bergsachen zu erwartenden Prozesse als Grundlage dienen würde. Um deshalb die ordentlichen Gerichte zu entlasten, entschloß man sich in Preußen zur Begründung von Schiedsgerichten, einer Einrichtung, welche indessen das reichsländische Berggesetz nicht übernommen hat.

Eine erste Kontroverse knüpft sich an die Frage, was im vorliegenden Falle unter „Zubehörungen" zu verstehen ist. Daß dies nicht das Zubehör im Sinne des Bürgerlichen Gesetzbuches sein kann, ergibt schon eine sinngemäße Anwendung der Ausführungen Molitors über die Zubehöreigenschaft des Hülfsbaues[1]). Doch auch das Zubehör im Sinne der früheren Terminologie will das Gesetz mit den „Zubehörungen" nicht treffen, was sich aus der Tatsache ergibt, daß bei der Neuredaktion des preußischen Berggesetzes das Wort „Zubehör" durch „Bestandteil" ersetzt, die „Zubehörungen" hingegen unverändert geblieben sind. Nach der Judikatur des Reichsgerichts ist unter diesen vielmehr ein weitgezogener Kreis von Rechtsgütern zu verstehen; nicht nur beispielsweise ein durch Einwirkungen des Bergbaubetriebes geplatztes Gasrohr[2]), sondern auch ein in seinem Fortbestande geschädigter Gewerbebetrieb[3]) gehört in diesem Sinne zu den Zubehörungen eines Grundstücks.

Nicht nach dem Berggesetze zu beurteilen sind hingegen den preußischen Motiven[4]) und einem Urteil des Oberlandesgerichts Hamm[5]) zufolge Verletzungen von Menschen, für welche eine Entschädigungspflicht auf Grund des Reichshaftpflichtgesetzes nur beim Vorliegen eines Verschuldens als begründet anzuerkennen ist.

Als Ursache der Schädigung muß der Bergwerksbetrieb als solcher in Betracht kommen: Einwirkungen von Tageanlagen,

---

1) Ausführungsges. z. B.G.B. S. 203.

2) Entsch. des Reichsger. v. 24. Juni 1885.

3) Entsch. d. Reichsger. v. 20. Dez. 1882.

4) S. 88.

5) Vom 18. April 1882.

mag dies der Bau eines Kohlenabfuhrweges oder der Betrieb von Dampfkesseln sein, sind nach allgemeinen Grundsätzen zu beurteilen [1]). Durch Abteufung eines Brunnens [2]) verursachte Schäden unterliegen selbst dann nicht der Beurteilung nach Bergrecht, wenn aus diesem den Anliegern Ersatz für das ihnen durch den Bergbau entzogene Wasser geliefert wird [3]). Für die Folgen von Raubbau, welcher ohne Wissen des Bergwerkseigentümers in dessen Revier betrieben wird, ist dieser nicht verantwortlich [4]). Dagegen kann der Schaden, welcher beispielsweise durch den Brand der Berghalde eines Kohlenbergwerks entsteht, indem durch diesen ein benachbartes Haus zeitweise unbewohnbar wird, sowohl auf Grund des Berggesetzes, wie auch nach den allgemeinen Grundsätzen des Nachbarrechts geltend gemacht werden [5]). Unter allen Umständen ist nur der wirklich nachweisbare Schaden zu ersetzen, soweit seine Geltendmachung nicht nach dem Grundsatze „minima non curat praetor“ ausgeschlossen ist [6]).

Geschwankt hat, wie schon hervorgehoben, die Rechtsprechung des Reichsgerichts hinsichtlich der Benutzung der natürlichen Wasserläufe durch die Angrenzer. So wurde am 10. November 1880 die Klage eines Mühlenbesitzers auf Entschädigung wegen Entziehung von Mahlwasser durch den Bergbau abgewiesen, da demselben ein ausschließliches oder bevorzugtes Recht auf das Wasser nicht zustehe, während der gleiche An-

[1]) Entsch. des Reichsger. v. 10. Nov. 1880 u. 18. Mai 1887.
[2]) Desgleichen des O. L. G. Hamm v. 22. März 1895.
[3]) Entsch. d. Reichsger. v. 6. März 1895.
[4]) Desgl. v. 23. Febr. 1895.
[5]) Desgl. v. 3. April 1886.
[6]) Desgl. v. 13. Nov. 1886.

spruch am 11. November 1896 als begründet anerkannt wurde. Haftbar ist ferner der Bergwerkseigentümer auch für mittelbare Bergschäden, wenn ein Baugrund schon an und für sich von schlechter Beschaffenheit war, diese aber erst durch den Grubenbetrieb wirksam wurde [1]).

Daß zur Begründung seiner Entschädigungsforderung der Grundbesitzer den Nachweis des Kausalzusammenhanges zu führen hat, bedarf keiner besonderen Erwähnung; die Frage indes, ob für diesen Zusammenhang ein absolut zwingender Beweis zu erfordern sei oder nicht, ist nicht immer in der gleichen Weise beantwortet worden. Brassert [2]) sagt in Übereinstimmung mit Daubenspeck [3]), es genüge nicht der Nachweis, daß eine Beschädigung wahrscheinlich durch den Bergbau hervorgerufen sei; später hat indes das Reichsgericht entschieden [4]), daß der Beweis für eine sehr hohe Wahrscheinlichkeit dem Richter genügen müsse. Auch der in der Überzeugungsform zu leistende richterliche Eid wurde als ausreichend für die Begründung des Anspruchs erachtet [5]). Sogar die Tatsache, daß der in Frage kommende Schaden nur zu einem Teil durch den Bergbau, zu einem anderen durch ein Naturereignis herbeigeführt ist, schließt eine entsprechend beschränkte Entschädigungspflicht des Bergwerksbesitzers nicht aus [6]).

Der Entschädigungsanspruch ist als solcher ein persönliches, kein dingliches Recht. Will daher der Rechtsnachfolger einen

---

1) Entsch. d. Reichsger. vom 11. Nov. 1896.

2) Bergrecht, S. 392.

3) Haftpflicht, S. 25.

4) Entsch. d. Reichsger. v. 24. April 1901.

5) Entsch. des Reichsger. v. 25. März 1899.

6) Desgl. v. 15. Januar 1898.

während der Besitzzeit seines Vorgängers zur Entstehung gelangten Anspruch geltend machen, so bedarf er hierfür einer ausdrücklichen Übertragung des darauf gegründeten Rechtes durch den Vorbesitzer [1]).

Wer im übrigen für den Entschädigungsanspruch aktiv legitimirt ist, ist nicht durchweg unbestritten. Ohne Zweifel hat denselben in erster Linie der Eigentümer, und sofern sich der verursachte Schaden auf das Gebrauchsrecht erstreckt, auch der dinglich Berechtigte, namentlich der Nießbraucher, unmittelbar zu erheben. Ob jedoch auch Pächter und Mieter sich wegen Beeinträchtigung ihres Rechtes unmittelbar an den Bergwerkseigentümer halten können, diese Frage ist nicht nach dem Berggesetz, sondern nach allgemeinen Rechtsregeln zu entscheiden und wurde früher nicht nur für die verschiedenen Rechtsgebiete verschieden beantwortet, sondern beispielsweise für den Geltungsbereich des Gemeinen und des Rheinischen Rechts von Brassert [2]) bejaht und von Daubenspeck [3]) verneint. Heute dürften wohl Mieter und Pächter ihre Ansprüche lediglich auf Grund der §§ 537 ff. und 581 B.G.B. ihrem Vermieter bezw. Verpächter gegenüber geltend zu machen haben.

Unter mehreren aufeinander folgenden Besitzern ist grundsätzlich derjenige zum Schadensersatz verpflichtet, während dessen Besitzzeit die Tatsache der Beschädigung eines Grundstücks eintritt [4]). Werden alte Baue eines inzwischen ins

---

[1]) Entscheidung des Reichsgerichts v. 1. Mai 1880.

[2]) Preuß. Berggesetz, S. 393.

[3]) Haftpflichtgesetz, S. 9.

[4]) Entscheidung des O.L.G. Hamm vom 4. Oktober 1881.

Freie gefallenen Bergwerks durch ein neues in Bewegung gesetzt, so ist für den hierdurch verursachten Schaden der Besitzer des letzteren verantwortlich zu machen [1]).

Der Grundsatz der vollen Entschädigungspflicht sichert dem Grundbesitzer nicht nur vollständigen Ersatz für erlittenen Verlust, sondern auch für entgangenen Gewinn. Als ein solcher ist in erster Linie der höhere Wert anzusehen, welcher dem beschädigten Grundstücke deshalb beiwohnt, weil es als Bauplatz geeignet und verkäuflich ist, bezw. ohne die durch den Bergbau verursachte Veränderung des Baugrundes sein würde [2]). Bei der Ermittlung des Wertes eines Grundstücks als Bauplatz ist nicht bloß der mit dem Gebäude zu besetzende Teil, sondern auch der umliegende, nach Ortsgebrauch davon untrennbare Hausgarten zu behandeln [3]).

In welcher Weise die „vollständige Entschädigung" geleistet werden muß, ist den Motiven zum preußischen [4]) Entwurf zufolge nach allgemeinen Rechtsgrundsätzen, heute also nach dem B.G.B. zu entscheiden. Nach § 249 hat zunächst der Gläubiger die Wahl, ob er Herstellung des früheren Zustandes, oder aber den hierzu erforderlichen Geldbetrag verlangen will. Soweit die Herstellung nicht möglich oder zur Entschädigung des Gläubigers nicht genügend ist, muß der Ersatzpflichtige diesen in Geld entschädigen. Nur wenn die Herstellung unverhältnismäßige Aufwendungen erfordert, hat der Schuldner zu entscheiden, ob er diese Aufwendungen

---

[1]) Entsch. d. Reichsger. v. 23. Jan. 1886.

[2]) Desgl. v. 24. Jan. 1880, 8. Jan. 1898, 22. Juni 1901, 15. Jan. 1902.

[3]) Entsch. d. O.L.G. Hamm v. 26. Juni 1894.

[4]) S. 88.

trotzdem leisten oder den Gläubiger in Geld entschädigen will (§ 251). Die beiden angeführten Paragraphen machen einen großen Teil der vor Einführung des Bürgerlichen Gesetzbuches aus der Rechtssprechung abgeleiteten Prinzipien, ob in jedem einzelnen Falle Naturalrestitution, ob Geldentschädigung beansprucht bezw. geleistet werden könne, hinfällig. Eine Anwendung von § 250 B.G.B., welcher das Wahlrecht für den Fall anders gestaltet, daß es sich nicht um Beschädigung einer Sache handelt, ist für das bergrechtliche Gebiet wohl ausgeschlossen.

In Geltung dürfte mangels entgegengesetzter Bestimmungen der früher angewandte Grundsatz bleiben, daß die Geldentschädigung in Form einer Rente zu erfolgen hat, bis zu dem Zeitpunkte, in welchem festgestellt wird, daß die Wertminderung eine dauernde ist, und daß in diesem Moment der Bergwerkseigentümer eine Kapitalabfindung zu leisten hat [1]). Durch diese wird indessen der Anspruch des Grundeigentümers auf Ersatz des der Nutzung des Grundstücks schon vor diesem Zeitpunkte zugefügten Schadens nicht ausgeschlossen [2]).

Ist die Wertminderung eines Grundstücks so bedeutend, daß sie einer vollständigen Entwertung gleichkommt, und hat deshalb der Bergwerkseigentümer den vollen Wert als Entschädigung gezahlt, so berechtigt ihn dies doch nicht, die Übertragung des Eigentums an dem betreffenden Grundstücke zu verlangen [3]). Bei Gebäuden kann der Eigentümer neben

---

1) Entsch. d. Reichsger. v. 4. Juni 1898 und des O.L.G. Hamm v. 28. Juni 98.

2) Entsch. d. Reichsger. v. 17. Februar 1900.

3) Daubenspeck, Haftpflicht S. 72 u. Brassert, Berggesetz, S. 401.

Erstattung der Reparaturkosten Schadenersatz für den Minderwert verlangen [1]), zumal lange andauernde Bodenbewegungen eine Entwertung für viele Jahre in Gefolge haben können [2]). Fortwährende Bodenbewegung begründet unter Umständen eine Entschädigungsforderung für den Wert der Gebäude und den Verlust der Bauplatzeigenschaft [3]).

Kann hingegen der Bergwerkseigentümer nachweisen, daß ein beschädigtes Gebäude mit wesentlichen Konstruktionsfehlern behaftet ist, so wird dadurch seine Entschädigungspflicht entsprechend gemindert, unter Umständen vollständig ausgeschlossen [4]). Wenn endlich das Reichsgericht [5]) dem Grundeigentümer das Recht gewährt, Entschädigung für einen erlittenen Ausfall an Mietszins zu verlangen, so entspricht dies dem oben über die Rechtsverfolgung durch den geschädigten Mieter Gesagten; übrigens steht nach der gerichtlichen Entscheidung über andere Forderungen der Geltendmachung eines solchen Anspruchs nicht die Einrede der res iudicata entgegen [6]).

Mehrere Bergwerkseigentümer haften nach außen gemeinschaftlich zu gleichen Teilen, unter einander nach Höhe des von den einzelnen Bergwerken verursachten Schadens. Eine Gesamthaftung, welche in der Literatur mehrfach als wünschenswert bezeichnet wurde [7]), ist dem allgemeinen Zuge

---

[1]) Entsch. d. Reichsger. v. 14. Juni 1884.
[2]) Desgl. v. 18. April 1896.
[3]) Desgl. v. 6. September 1885
[4]) Desgl. v. 20. Dez. 1899.
[5]) Desgl. v. 23. April 1884.
[6]) Desgl. v. 25. Januar 1898.
[7]) So Westhoff, Reichsberggesetz in der Zeitschr. f. Bergrecht, Bd. 41, S. 78.

der Rechtsentwicklung entsprechend für Preußen durch Gesetz vom 7. Juli 1902 eingeführt. In Elsaß-Lothringen wurde eine gleiche Bestimmung noch nicht getroffen, doch hat auch schon auf Grund der gesetzlichen Einzelhaftung das Reichsgericht entschieden [1]), daß die Aufhebung der Verurteilung eines Mitbeklagten die gemeinschaftliche Verpflichtung ohne weiteres zu einer alleinigen macht.

Der die Entschädigungspflicht des Bergwerkseigentümers normierende § 127 findet seine Ergänzung durch § 129, welcher dem Schadensersatzanspruch des Grundbesitzers in die der Billigkeit entsprechenden Grenzen einschließt.

Der Bergwerksbesitzer haftet nicht, wenn Anlagen zu einer Zeit errichtet werden, zu welcher die denselben durch den Bergbau drohende Gefahr dem Grundbesitzer bei Anwendung gewöhnlicher Aufmerksamkeit nicht unbekannt bleiben konnte.

Über die Bedeutung der Worte „Bei Anwendung gewöhnlicher Aufmerksamkeit" hat sich ein Streit entsponnen, welcher zwar niemals formell entschieden ist, heute indessen gegenstandslos geworden sein dürfte. Aus dem Umstande, daß die streitigen Worte vom preußischen Herrenhause an die Stelle von „ohne eigenes grobes Versehen" gesetzt worden sind, wurde zunächst der an sich wohl unberechtigte Schluß gezogen, daß tatsächlich nur ein grobes Verschulden des Grundbesitzers die Entschädigungspflicht des Bergbauberechtigten ausschließen solle. Aus sachlichen Gründen indes trat das Reichsgericht [2]) dieser auch von Brassert [3]) ver-

---

[1]) Entsch. v. 17. März 1886.

[2]) Entsch. v. 24. Mai 1882, 21. Febr. 1883 und 5. Juni 1884.

[3]) Preuß. Bergrecht, S. 412.

tretenen Anschauung bei, während später noch Daubenspeck[1]) und Dernburg[2]) bei ihrer auf die Bestimmungen des preußischen Landrechts gestützten abweichenden Ansicht stehen blieben. Für die heutige Rechtsprechung ist, wie gesagt, wohl dadurch, daß das B.G.B. das mäßige Versehen des Landrechts nicht kennt, die Streitfrage als erledigt anzusehen.

War der Bergwerksbesitzer verpflichtet, den Grundeigentümer auf die drohende Gefahr aufmerksam zu machen und hat er dies trotzdem unterlassen, so begründet eine solche Versäumnis seine Haftung[3]). Selbst eine tatsächlich erfolgte, aber mehr oder weniger allgemein gehaltene Warnung des Bergwerksbesitzers schließt seine Entschädigungspflicht nicht aus, wie auch ferner der Grundbesitzer ohne besondere Veranlassung zu Erkundigungen über die Gefahrlosigkeit des von ihm beabsichtigten Bauunternehmens nicht verpflichtet ist[4]).

Eine seitens des Bergwerksbesitzers nach Beginn des Baues erlassene Verwarnung ist nur dann als ausreichend zu erachten, falls damit das Anerbieten verbunden ist, neben der Vergütung für die Grundstücksentwertung die bereits aufgewendeten Kosten zu erstatten[5]). Auch genügt nicht die *Möglichkeit* einer Gefährdung, vielmehr muß eine drohende Gefahr als solche erkennbar sein. Wenn ferner die künftige Ausdehnung eines Bergwerks vom benachbarten Grundbesitzer in Betracht zu ziehen ist[6]), so beseitigt doch auch wieder eine

---

[1]) Haftpflicht, S. 47.

[2]) Preuß. Privatrecht, Bd. 1, S. 690, Anm. 12.

[3]) Entsch. d. O.L.G. Hamm v. 1. Juli 1898.

[4]) Entsch. d. Reichsger. v. 13. Juli 1898.

[5]) Desgl. v. 26. April 1902.

[6]) Desgl. v. 11. Juli 1887.

derartige bloße Möglichkeit nicht die spätere Ersatzpflicht [1]. Erheblich hingegen ist eine wohl begründete Warnung [2], und auch einer solchen bedarf es nicht, wenn der Grundbesitzer die vorhandene Gefahr tatsächlich gekannt hat [3]. Eine solche Kenntnis muß allerdings dem Erbauer selbst nachgewiesen werden, die Kenntnis des Vorbesitzers des gefährdeten Grundstücks genügt nicht [4], dagegen schadet verschuldete Unkenntnis des Rechtsvorgängers seinem Nachfolger [5]. Objektiv muß jedenfalls die Gefahr bestehen, subjektiv der Grundbesitzer dieselbe kennen oder fahrlässigerweise nicht kennen [6]; welche Tatsachen hierbei eine besondere Erkundigungspflicht begründen, ist als wesentlich konkrete Frage in jedem einzelnen Falle zu entscheiden [7]. Sichtbare Erdrisse verpflichten unter allen Umständen zu Erkundigungen [8].

Im übrigen erstreckt sich die Geltung von § 129 des Berggesetzes nur auf das Verhältnis zwischen Bergbau und Grundeigentum, nicht aber auf andere rechtliche Beziehungen. So sind beispielsweise die Immissionen von Rauch und Asche aus den Kaminen eines benachbarten Bergwerks nicht nach dem Berggesetz, sondern nach dem Nachbarrecht des B.G.B. zu beurteilen, so daß der Bergwerksbesitzer, entschädigungspflichtig ist, auch wenn der Eigentümer des von den Ein-

---

[1]) Entsch. d. O.L.G. Hamm v. 16. März 1900.
[2]) Desgl. d. Reichsger. v. 14. Nov. 1894.
[3]) Desgl. v. 15. Febr. 1902.
[4]) Desgl. v. 5. Jan. 1898.
[5]) Desgl. v. 22. Dez. 1894.
[6]) Desgl. v. 14. Nov. 1894.
[7]) Desgl. v. nämlichen Tage.
[8]) Desgl. d. O.L.G. Hamm v. 31. Jan. 1899.

wirkungen betroffenen Hauses dieses vor dessen Erbauung voraussehen konnte[1]).

Muß wegen einer durch den Bergwerksbesitzer herbeigeführten Gefahr die Errichtung angeblich geplanter Anlagen unterbleiben, so ist vor Zubilligung des Schadensersatzes in jedem einzelnen Falle zu prüfen, ob der Grundeigentümer tatsächlich nur durch den Bergbau an der Ausführung seiner Projekte gehindert wird. Trifft dies nicht zu, so muß die objektive Wertminderung des Grundstücks, da der Besitzer durch sie einen Vermögensschaden nicht erleidet, bei Bemessung der Entschädigung außer Ansatz bleiben.

Als Verjährungsfrist bestimmt das Gesetz für Bergschäden, über welche nicht im voraus durch Vertrag unter den Parteien eine Vereinbarung stattgefundeu hat, den gleichen Zeitraum, wie das Bürgerliche Gesetzbuch für Ansprüche aus unerlaubten Handlungen, nämlich drei Jahre. Wird die fragliche Beschädigung durch verschiedene Handlungen herbeigeführt, welche zu verschiedenen Zeiten zur Kenntnis der Ersatzberechtigten gelangen, so ist die Verjährungsfrist hinsichtlich jeder dieser Handlungen besonders zu berechnen[2]); in gleicher Weise läuft eine neue Verjährung von dem Zeitpunkte ab, in welchem etwa schädigende Einflüsse älterer Abbaue erneut sich geltend machen[3]). Kann ein Entschädigungsanspruch nur auf Grund eines Nivellements erhoben werden, so beginnt die Verjährungsfrist nicht vor Vollendung dieser Arbeiten. — Nach allgemeinen Grundsätzen ist die Unter-

[1]) Entsch. d. Reichsger. v. 12. Dez. 1900.

[2]) Desgl. v. 1. Mai 1880 u. a. m.

[3]) Desgl. des O. L. G. Hamm v. 6. Juni 1899.

brechung der Verjährung, beispielsweise durch Anerkennung, zu beurteilen. Als Anerkennnng in diesem Sinne ist es zu betrachten, wenn der Bergwerksbesitzer auf einen Anspruch wegen Wasserentziehung dem Grundeigentümer Anschluß an eine Wasserleitung gewährt[1]).

Auch in prozessualer Hinsicht hat die Rechtsprechung mannigfache Auslegungsregeln aufgestellt. So ist beispielsweise, wenn auch die Ersatzansprüche eines geschädigten Grundbesitzers für gewöhnlich durch eine Leistungsklage geltend zu machen sind, statt dieser, falls die sofortige Ausführung der Ausbesserungsarbeiten nicht angezeigt erscheint[2]), oder auch aus anderen Gründen[3]) die Feststellungsklage zulässig. Als Klageänderung ist es nicht anzusehen, wenn in zweiter Instanz später erst erkannte Schäden geltend gemacht werden[4]), falls die Bezeichnung der schädigenden Anlagen ergänzt oder statt der anfangs verlangten Kapitalabfindung später eine jährliche Entschädigungssumme bis zur Beseitigung der festgestellten Schäden begehrt wird[5]). Wohl aber hat in dem Vorgehen eines Klägers, welcher, statt der Jahre hindurch beanspruchten Geldentschädigung, plötzlich Wiederherstellung verlangte, das O. L. G. Hamm eine unzulässige Klageänderung erblickt[6]).

---

[1]) Entsch. d. Reichsger. v. 12. März 1898.
[2]) Desgl. d. O.L.G. Hamm v. 19. Mai 1899.
[3]) Desgl. d. Reichsger. v. 2. Dez. 1899.
[4]) Desgl. v. 19. Juni 1897.
[5]) Desgl. v. 24. April 1895.
[6]) Entsch. v. 30. Mai 1899.

Zum dritten Abschnitt.

Von den Verhältnissen des Bergbaus zu öffentlichen Verkehrsanstalten.

Das Bergrecht regelt grundsätzlich nur die Entschädigungspflicht des Bergwerksbesitzers dem Grundeigentümer gegenüber, während im allgemeinen die Ansprüche, welche mehrere Bergwerkseigentümer gegen einander erheben sowie Schadensersatzforderungen des Bergwerksbesitzers gegen den Grundeigentümer nach bürgerlichem Recht zu entscheiden sind. Ausnahmsweise kommt für die Beurteilung eines solchen Anspruchs Bergrecht zur Anwendung, wenn der Grundbesitzer durch seine Mineralgewinnung den Bergwerksbetrieb stört[1]), oder wenn, wie in einem der zitierten Urteile des Reichsgerichts[2]), die Klage auf eine Sonderbestimmung des Berggesetzes gestützt werden kann (§ 46, Pflicht zur Herausgabe gewonnener Mineralien durch den Hülfsbauberechtigten).

Ein besonderes Gebiet hat jedoch im Berggesetze seine Regelung gefunden, nämlich das Verhältnis des Bergbaus zu den öffentlichen Verkehrsanstalten. Wenn diesen gegenüber die Interessen des Bergbaus vom Gesetze erst in zweiter Linie berücksichtigt werden, so findet dies, wie schon hervorgehoben, einerseits seine Motivierung in der erhöhten Bedeutung, welche Eisenbahnen, Kanäle und ähnliche Anlagen für das öffentliche Wohl besitzen, andererseits ist es historisch insofern begründet, als bis zum Erlaß des allgemeinen preu-

---

[1]) Entsch. d. O.L.G. Köln v. 19. Mai 1896.

[2]) Vom 12. Okt. 1895.

ßischen Berggesetzes den Bergbautreibenden ein Entschädigungsanspruch gegen die öffentlichen Verkehrsanstalten überhaupt nicht zustand. Wenn nun auch heute dem Bergwerksbesitzer gegen die Ausführung öffentlicher Verkehrswege, zu deren Anlegung dem Unternehmer das Enteignungsrecht verliehen worden ist, ein direktes Widerspruchsrecht nicht zusteht, so sollen doch die Interessen des Bergbaus nach Möglichkeit bei der Wahl der Trace geschont werden. Ist eine Ausgleichung der Gegensätze nicht möglich, so muß ebenso wie das Grundstück dem Bergbau, so der Bergbau der geplanten Verkehrsanstalt bezw., wie schon an anderer Stelle im Anschluß an die Ausführungen von Leoni und Mandel betont wurde, einem anderen, im Interesse der Allgemeinheit zu errichtenden Bauwerk, z. B. einer Befestigungsanlage, weichen. War indessen der Bergwerkseigentümer zu seinem Betriebe früher ermächtigt, als die Genehmigung der Anlage erteilt ist, so hat derselbe gegen den Unternehmer einen Anspruch auf Schadensersatz.

Der Regierungsentwurf wollte auch dem jünger berechtigten Bergbautreibenden diesen Schadensersatzanspruch einräumen, doch wurde auf Veranlassung des Herrenhauses der preußische Gesetzestext in seiner auch für das Reichsland übernommenen Fassung festgestellt. Selbst der Anspruch des älteren Bergwerkseigentümers ist nur ein sehr beschränkter, insofern als auch dieser nur Schadensersatz für die Herstellung sonst nicht erforderlicher Anlagen in dem Bergwerke oder für die sonst nicht erforderliche Beseitigung oder Veränderung bereits in dem Bergwerk vorhandener Anlagen verlangen kann. Entschädigung wird also nicht für lucrum cessans, sondern nur für damnum emergens in der engsten Fassung des Begriffs gewährt. Anlagen, welche nicht lediglich durch den Eisenbahnbau notwendig geworden, sondern gleichzeitig im eigenen Interesse des Bergbautreibenden errichtet sind, begründen keine Entschädigungspflicht[1]). Das Gleiche gilt von Sicherheitspfeilern, welche zum Schutze gegen die Einwirkungen des Eisenbahnbetriebes stehen bleiben müssen, da diese eben auch nur einen entgangenen Gewinn bedeuten, und ihre Anlage keine Kosten verursacht[2]). Baut der Bergwerkseigentümer alsdann einen solchen Sicherheitspfeiler schachbrettartig ab, indem er die bisherige natürliche Stütze durch Mauerwerk ersetzt, so gilt die Herstellung des letzteren wiederum als im Interesse des Bergwerks geschehen und nicht durch den Bahnbau bezw. -betrieb veranlaßt[3]).

Für Preußen ist allerdings durch gemeinsamen Erlaß der Minister der öffentlichen Arbeiten, für Handel und Gewerbe und des Innern vom 11. Dezember 1896 behufs Beschränkung der Kohlenverluste durch Stehenlassen von Sicherheitspfeilern bestimmt worden, daß in Gegenden mit Kohlenbergwerksbetrieb die Fluchtlinien für Straßen und die Bebauungspläne vor ihrer endgültigen Feststellung den zuständigen Bergrevierbeamten zur Prüfung vom bergpolizeilichen Standpunkte aus vorzulegen sind.

Wird eine Eisenbahn durch ein bereits vor ihrer Anlage betriebenes Bergwerk geschädigt, so ist zwar die Ersatzpflicht des letzteren für den vor dem Bahnbau verursachten Schaden

---

[1]) Entsch. d. Reichsger. v. 9. Juli 1881.
[2]) Motive z. preuß. Regierungsentw., S. 90/91.
[3]) Brassert, preuß. Berggeſ., S. 426.

ausgeschlossen, gleichwohl aber begründet die Fortsetzung des Bergbaues nach Herstellung der Bahnlage den gesetzlichen Entschädigungsanspruch des Eisenbahnunternehmers [1]), welcher sogar durch dessen konkurrierendes eigenes Verschulden nicht ausgeschlossen wird [2]).

[1]) Entsch. des Reichsger. v. 15. Februar 1902.
[2]) Desgl. v. 4. Januar 1896.

Zum sechsten Titel.

Von der Aufhebung des Bergwerks-eigentums.

Die Endigung des Bergwerkseigentums kann nach dem zur Zeit in Elsaß-Lothringen geltenden Rechte zunächst, wie schon an anderer Stelle erwähnt, für den einzelnen Eigentümer ebenso wie für die Gewerkschaft und die Aktien-Gesellschaft durch Übertragung auf Grund eines Kaufvertrages — beim Einzeleigentümer wäre auch ein Schenkungsvertrag denkbar — nach den allgemeinen Regeln des Bürgerlichen Gesetzbuchs geschehen. Eine zweite Art ist die Endigung des Rechts, welches dem Gewerken am Gesellschaftsvermögen und infolgedessen mittelbar am Eigentum des Bergwerks zusteht, sei es durch rechtsgeschäftliche Übertragung des Kuxscheins oder durch dessen Rückfall an die Gewerkschaft. Durch Einzelverkauf sämtlicher Kuxscheine an einen Mitbeteiligten wird außerdem, wie gleichfalls schon betont, die Endigung des Gewerkschaftseigentums und damit gleichzeitig das Ende der Gewerkschaft selbst herbeigeführt.

Daneben kann die Endigung im Wege der Zwangsversteigerung erfolgen, oder aber durch die Aufhebung.

Die Aufhebung des Bergwerkseigentums ist der der Verleihung entgegengesetzte Akt der Staatsgewalt, sie ist somit dem Bergrecht durchaus eigentümlich und war deshalb vom Berggesetze besonders zu regeln. Die betreffenden Vorschriften werden vom Ausführungsgesetze zum B.G.B. in § 82 Ziff. 3 ausdrücklich aufrecht erhalten.

Die Aufhebung selbst kann auf zwei Rechtsgründen beruhen, dem freiwilligen Verzicht des Bergbauberechtigten oder der zwangsweisen Entziehung durch die Aufsichtsbehörde. Von diesen beiden Fällen, deren Regelung dem preußischen Bergrechte nachgebildet ist, bedeutete der Verzicht für Elsaß-Lothringen etwas neues, während die zwangsweise Entziehung mehr tatsächlich als von Rechts wegen auch unter französischer Herrschaft gehandhabt wurde. Nachdem nämlich das französische Berggesetz von 1810 feierlich die Unwiderruflichkeit des Bergwerkseigentums proklamiert hatte, konnte man sich zu einer, im übrigen als notwendig erkannten, Regelung der Eigentumsentziehung nicht entschließen, und so kam es zu einer Reihe von gesetzgeberischen Notbehelfen, welche unter angeblicher Beibehaltung der aufgestellten Grundsätze tatsächlich doch die Unwiderruflichkeit vollkommen beseitigten.

Nach geltendem Rechte kann die Oberbergbehörde die Einleitung des Verfahrens wegen Entziehung des Bergwerkseigentums anordnen, wenn amtlich festgestellt wird, daß der Bergwerkseigentümer die Aufforderung zur Inbetriebsetzung des Bergwerks oder zur Fortsetzung des unterbrochenen Betriebes binnen 6 Monaten nicht befolgt hat. Die Einleitung des Entziehungsverfahrens ist den Motiven zum preußischen Gesetzentwurf zufolge der Oberbergbehörde übertragen, weil diese nicht nur die verleihende Behörde ist, sie vielmehr auch die Aufforderung zur Inbetriebsetzung des Bergwerks zu erlassen und darüber zu wachen hat, daß dieser Aufforderung Folge geleistet wird.

Das Verfahren beginnt mit einem förmlichen Beschluß, gegen welchen dem Bergwerkseigentümer, abgesehen von dem Verwaltungsrekurse an die oberste Bergbehörde ein gerichtlich verfolgbares Einspruchsrecht zusteht. Eine derartige Klage kann allerdings nur auf formal-rechtliche Einwendungen gestützt werden, während der Beurteilung des Richters entzogen und endgültig von den Bergbehörden die Frage zu entscheiden bleibt, ob das Bergwerk aus überwiegenden Gründen des öffentlichen Interesses betrieben werden muß.

Das weitere Verfahren ist unter dem Gesichtspunkte geregelt, daß der Staat, welcher das Bergwerkseigentum geschaffen hat, auch Sorge dafür tragen muß, daß nach Möglichkeit niemand durch dessen Aufhebung geschädigt werde. Es wird daher, falls der Bergwerkseigentümer keinen Einspruch erhebt, oder dieser aber rechtskräftig verworfen ist, der Beschluß von der Oberbergbehörde im Zentral- und Bezirksamtsblatt veröffentlicht und außerdem den aus den Hypothekenregistern[1]), dem Eigentumsbuch, dem Grundbuch ersichtlichen Gläubigern und sonstigen Realberechtigten zugestellt. Diese können ebenso wie der Bergwerkseigentümer selbst binnen drei Monaten nach erfolgter Veröffentlichung bezw. Zustellung des Aufhebungsbeschlusses die Zwangsversteigerung des Bergwerks beantragen. Geschieht dies nicht oder verläuft die Versteigerung ohne Ergebnis, so spricht die Oberbergbehörde durch Beschluß die Aufhebung des Bergwerkseigentums aus. Damit

[1]) §§ 85 und 113 A.G.B.G.B.

hat das Bergwerk zu bestehen aufgehört; alle an dasselbe gerichteten Ansprüche erlöschen.

Erklärt der Bergwerkseigentümer vor der Bergbehörde, auf sein Bergbaurecht verzichten zu wollen, so hat diese Erklärung die gleichen Rechtsfolgen, wie der Aufhebungsbeschluß der Oberbergbehörde. Auch in diesem Falle werden die Hypothekengläubiger persönlich durch Zustellung, die Bergwerksbeamten und Arbeiter behufs Anmeldung ihrer Lohnforderungen durch die Bekanntmachung im Zentral- und Bezirksamtsblatt von der Verzichtserklärung benachrichtigt. Die an dem Bergwerke dinglich Berechtigten können alsdann gleichfalls die Zwangsversteigerung innerhalb dreier Monate beantragen. Ist die Aufhebung des Bergwerkseigentums durch die Oberbergbehörde ausgesprochen, so hat diese von Amts wegen das zuständige Grundbuchamt um Berichtigung des Grundbuchs zu ersuchen.

Der in Preußen gestattete Verzicht auf einen Teil des verliehenen Bergwerksfeldes hat im elsaß-lothringischen Gesetz keine Aufnahme gefunden. Es hatte nämlich dort diese Bestimmung zu dem Mißbrauch geführt, daß der Bergwerksbesitzer auf einen kleinen Teil seines Feldes, welcher indessen die Fundstelle einschloß, verzichtete, und dann auf der Grundlage seines alten Fundes eine neue, zweite Mutung einlegte. Da die Bestimmung der Maximalgrenze auf diese Weise gegenstandslos gemacht wurde, so hat man von einer Aufnahme der entsprechenden Gesetzesbestimmung abgesehen. — Wohl aber kann in Elsaß-Lothringen wie in Preußen ein Muter auf seine ganze Mutung verzichten und dann dadurch, daß er auf Grund desselben Fundes eine neue Mutung mit veränderter Feldesstreckung einlegt, einen Schürfer aus dem

Felde schlagen [1]), sowie auch eine andere Mutung ausschließen, welche bereits vor dieser Verzichtleistung von einem Dritten eingelegt ist [2]).

Die im Rahmen der vorstehend besprochenen Aufhebung des Bergwerkseigentums infolge behördlicher Entziehung oder Verzichts vorgesehene Zwangsvollstreckung kann auch aus anderer Veranlassung als selbständige Art der Endigung der Bergwerkseigentums in Frage kommen. Nach § 870 Abs. 1 Z.P.O. finden „auf die Zwangsvollstreckung in eine Berechtigung, für welche die sich auf Grundstücke beziehenden Vorschriften gelten, die Vorschriften über die Zwangsvollstreckung in Grundstücke entsprechende Anwendung", und es können über die Zwangsversteigerung und Zwangsverwaltung dieser Berechtigungen nach § 2 Abs. 1 des Einführungsgesetzes zu dem entsprechenden Reichsgesetze landesgesetzlich ergänzende oder abändernde Vorschriften gegeben werden. Von dieser Befugnis hat das elsaß-lothringische Ausführungsgesetz zum Zwangsversteigerungsgesetze in den §§ 14—25 Gebrauch gemacht, neben welchen, soweit sie nicht ausdrücklich ausgeschlossen sind, die allgemeinen Vorschriften des Reichsgesetzes Anwendung finden. Hervorzuheben ist, daß die Ansprüche der Betriebsbeamten und Bergleute auf Lohn und andere Bezüge in Ansehung des Rechtes auf Befriedigung aus dem Bergwerkseigentume in der Klasse der Lidlöhner (§ 10 Nr. 2 des Zwangsversteigerungsgesetzes) rangieren, und daß ferner vom Werkbesitzer zu den Knappschafts- und Krankenkassen

---

[1]) Entsch. d. Reichsger. v. 19. Juni 1895.

[2]) Desgl. v. 15. Nov. 1895.

geschuldete Beiträge als öffentliche Lasten des Bergwerks (ebenda Nr. 3) gelten.

Eine eigenartige Bestimmung trifft das Gesetz hinsichtlich der Beschlagnahme. Nach § 20 Abs. 2 des Zwangsversteigerungsgesetzes und §§ 1120—1122 B.G.B. müßte sich diese auf die bereits gewonnenen Mineralien erstrecken[1]). Indessen ebenso wie das Reichsgesetz in § 21 Abs. 1 die vom Boden getrennten land- und forstwirtschaftlichen Erzeugnisse eines Grundstücks dem Schuldner beläßt, um diesen nicht zur Einstellung seines Betriebes zu zwingen, so schließt das Ausführungsgesetz die bereits gewonnenen Mineralien aus dem gleichen Grunde von der Beschlagnahme aus.

In Übereinstimmung mit den reichsgesetzlichen Vorschriften ist im Ausführungsgesetze „die Zwangsversteigerung und Zwangsverwaltung in besonderen Fällen" geregelt, wenn diese nämlich auf Antrag des Konkursverwalters, eines Erben oder zum Zwecke der Aufhebung einer Gemeinschaft erfolgt. Die Zwangsversteigerung selbst hat im wesentlichen nach denselben Regeln zu geschehen, gleichviel ob sie im Wege der Zwangsvollstreckung oder im Rahmen der Aufhebung des Bergwerkseigentums stattfindet. Nur folgende Abweichungen sind für den letzteren Fall bestimmt:

Der Antragsteller hat sein Recht, soweit dies nicht gerichtsbekannt, ist durch Urkunden glaubhaft zu machen; geht der Antrag von einem dinglich Berechtigten aus, so wird der Zwangsversteigerungsbeschluß mit den erforderlichen urkundlichen Nachweisen dem Eigentümer zugestellt. Dieser ist selbst

[1]) Brassert, Erläuterungen z. preuß. A.G. z. Zwangsversteigerungsges. Anm. zu Art. 19.

zur Stellung des Antrags nur berechtigt, wenn er im Grundbuche eingetragen oder Erbe des eingetragenen Eigentümers ist.

Eine besondere Regelung erforderte sodann die Frage, inwieweit die allgemeinen, vom Gesetz ausgesprochenen Folgen der Beschlagnahme auf ein Bergwerk Anwendung finden können, dessen Zwangsversteigeruug auf Antrag des Eigentümers oder infolge Verzichts des letzteren erfolgt. Denn, wie die Begründung zu dem entsprechenden preußischen Artikel 26 hervorhebt[1]), steht zwar, wenn die Versteigerung des Bergwerks von einem Realberechtigten beantragt wird, der Bergwerkseigentümer dem Antragsteller als Gegner gegenüber, so daß die Vorschriften des Reichsgesetzes über die Beschlagnahme daher entsprechende Anwendung finden können. Wird die Zwangsversteigerung dagegen vom Bergwerkseigentümer selbst betrieben, so fehlt ein solcher Gegner des Antragstellers, infolgedessen für eine Beschlagnahme kein Raum bleibt. Diese wäre jedoch nach §§ 13 und 55 des Reichsgesetzes für die Bestimmung, in welche Klasse von Forderungen die laufenden bezw. rückständigen Beträge wiederkehrender Leistungen einzureihen sind, bezw. welche Gegenstände im kritischen Momente von der Beschlagnahme erfaßt wurden, von Wichtigkeit. In diesem Sinne setzt das Gesetz an die Stelle der Beschlagnahme die Zustellung des Beschlusses, durch welchen das Verfahren angeordnet wird, an den Eigentümer. — Endlich finden die allgemeinen Vorschriften über das geringste Gebot keine Anwendung; vielmehr ist das Meistgebot in seinem ganzen Umfange durch Zahlung zu berichtigen.

---

[1]) Aktenstücke des Hauses der Abgeordneten für das Jahr 1899 Nr. 118, Anlagen S. 2326.

Zum achten Titel.

Von den Bergbehörden.

Die Organisation der Bergbehörden von Elsaß-Lothringen hat seit dem Jahre 1871 zahlreiche Wandlungen durchgemacht. Nur die Zahl der einander übergeordneten Instanzen und dementsprechend auch deren Zuständigkeit sowie die Regelung des Verwaltungsrekursverfahrens sind im wesentlichen unverändert geblieben.

In den ersten Monaten der deutschen Verwaltung war das Bergwesen den drei Bezirkspräsidenten, als den Nachfolgern der französischen Präfekten unterstellt, während Bergwerksingenieure die Tätigkeit der heutigen Revierbeamten ausübten. Am 15. Juli 1871 wurde sodann durch Gesetz als oberste Bergbehörde für Elsaß-Lothringen der Reichskanzler bestimmt, während am 7. September 1871 auf Grund desselben Gesetzes alle durch die Berggesetzgebung, insbesondere das französische Berggesetz vom 21. April 1810, den Präfekten beigelegte Befugnisse dem preußischen Oberbergamt Bonn, als der somit zuständigen Oberbergbehörde übertragen wurden. Als unterste Instanz wurden zwei Revierbeamte bestimmt, welche demnächst den Titel Bergmeister erhielten. Das Land wurde dementsprechend in zwei Bergreviere geteilt, von welchen das Revier Lothringen den gleichnamigen Bezirk mit Einschluß der Kantone Saarunion und Drulingen umfaßte, während das Bergrevier Elsaß aus den Bezirken Ober- und Unterelsaß mit Ausnahme der genannten Kantone gebildet wurde. Als Sitz der Bergmeister bestimmte der Reichskanzler Metz und Straßburg. Im Jahre 1873[1]) wurden Saarunion und Drulingen dem Revier Elsaß überwiesen.

Durch das neue Berggesetz wurde vom 1. April 1874 ab als Oberbergbehörde an Stelle des Oberbergamts Bonn der Oberpräsident bestimmt, während die durch den Reichskanzler gebildete oberste Instanz unverändert blieb. Der Umfang der Bergbauangelegenheiten erschien nicht bedeutend genug, um die Errichtung eines eigenen Oberbergamts zu rechtfertigen.

Eine neue Umgestaltung erfuhren die bergrechtlichen Ressortverhältnisse infolge der am 1. Oktober 1879 eingeführten allgemeinen Verwaltungsreform, da das Oberpräsidium und das Reichskanzleramt für Elsaß-Lothringen mit diesem Tage zu bestehen aufhörten, obere und oberste Bergbehörde somit neu gebildet werden mußten. Als solche wurden durch das Gesetz vom 4. Juli 1879 und die Kaiserliche Verordnung vom 23. Juli desselben Jahres die Abteilung des Innern des Ministeriums und der Statthalter bestimmt.

Mit dem 1. April 1900 trat eine Neueinteilung der Bergreviere in Kraft. Während das Revier Elsaß nach wie vor die beiden Bezirke Ober- und Unterelsaß umfaßt, wurde Lothringen nunmehr in das Bergrevier Metz, den gleichnamigen Stadt- und Landkreis, sowie die Kreise Diedenhofen (-Ost und -West) begreifend, und das Revier Saargemünd mit den Kreisen Saargemünd, Forbach, Bolchen, Saarburg

[1]) Bekanntmachung des Reichskanzlers vom 21. Dezember 1873.

und Château-Salins geteilt. Am 22. April 1901 endlich wurde aus den beiden Kreisen Diedenhofen ein selbständiges Revier gebildet, so daß die Gesamtzahl der Reviere jetzt vier (Straßburg, Metz, Saargemünd und Diedenhofen) beträgt.

Die Zuständigkeit der vorstehend genannten Behörden ist vom Gesetze wie folgt geregelt: Grundsätzlich treten — im Gegensatz zu Preußen, wo ein zweimaliger Rekurs gestattet ist — im ganzen nur zwei Instanzen in Tätigkeit, und zwar entscheidet in allen denjenigen Fällen, deren Erledigung nach dem Wortlaut des Gesetzes, (der auch in der vorliegenden Arbeit entsprechend zum Ausdruck gekommen ist), der Bergbehörde obliegt, in erster Instanz der Bergmeister, gegen dessen Entscheidung der Rekurs an die Oberbergbehörde, das Ministerium gegeben ist. Beruft das Gesetz zur ersten Entscheidung die Oberberghörde, so ist der Rekurs an den Statthalter zu richten. Als Fälle dieser Art kommen im wesentlichen nur Mutungsstreitigkeiten in Betracht, und zwar kann, wie Leoni[1]) hervorhebt, der Statthalter über die ihm zugewiesenen Angelegenheiten nicht unmittelbar und mit Umgehung des Ministeriums erkennen, vielmehr wird derselbe erst durch den Rekurs gegen die Entscheidung des letzteren mit der Sache befaßt.

Im übrigen ergeben sich hier aus der Organisation der Zentralbehörden insofern verschiedene Schwierigkeiten, als die allgemeinen Befugnisse der höchsten Instanzen mehrfach ineinander übergreifen. Da zunächst dem Staatssekretär nach § 4 des Gesetzes vom 4. Juli 1879 in den hier in Betracht kommenden Angelegenheiten die Vertretung des Statt-

[1]) Verfassungsrecht von Elsaß-Lothringen, S. 92.

halters obliegt, so kann, wie Brassert[1]) hervorhebt, jener von der ihm in den §§ 7—9 der oben erwähnten Kaiserlichen Verordnung verliehenen Befugnis, die im allgemeinen den Unterstaatssekretären zufallenden Geschäfte selbst zu erledigen, keinen Gebrauch machen, wenn nicht eine der vom Gesetze geschaffenen Instanzen gegenstandslos werden soll. Seitdem ferner die Abteilung des Innern dem Staatssekretär unmittelbar untersteht, dürften dementsprechend die von dem Ministerium in erster Instanz zu treffenden Entscheidungen von dem stellvertretenden Leiter der Abteilung des Innern gezeichnet werden.

Doch noch eine fernere Schwierigkeit ergibt sich unmittelbar aus der durch das Gesetz begründeten Zuständigkeit der einzelnen Behörden. Dem Statthalter unterstehen behufs Bearbeitung der Bergbauangelegenheiten lediglich die Bergräte des Ministeriums. Diese aber werden von dem Ministerium selbst in seiner Eigenschaft als Oberbergbehörde in Anspruch genommen, so daß dem Statthalter als Rekursinstanz gegen das Ministerium eine Fachbehörde zur Erledigung dieser Sachen nicht mehr zur Verfügung steht. Die Folge davon ist, daß die formell abgeschaffte Personalunion mit Preußen in einzelnen Fällen de facto aufrecht erhalten wurde. Wenn nämlich die gegen die Entscheidungen des Ministeriums gerichteten Rekurse eine erneute fachmännische Prüfung der zu entscheidenden Fragen wünschenswert erscheinen ließen, wurde mehrfach die Abteilung für das Berg-, Hütten- und Salinenwesen des preußischen Ministeriums der öffentlichen Arbeiten

---

[1]) Zeitschr. f. Bergrecht, Bd. 20, S. 46.

um ein Gutachten in der Sache gebeten, welches letztere alsdann der endgültigen Entscheidung durch den Statthalter zugrunde gelegt werden konnte.

Über das formelle Rekursverfahren bestimmt das Berggesetz, daß der Rekurs binnen vier Wochen nach Zustellung bezw. Bekanntmachung der anzufechtenden Entscheidung bei derjenigen Behörde einzulegen ist, welche dieselbe erlassen hat. Einer etwa vorhandenen Gegenpartei wird die Rekursschrift zur Beantwortung binnen einer gleichfalls vier Wochen betragenden Frist zugestellt. Die durch das Verfahren erwachsenden Kosten werden wie die direkten Steuern eingetrieben.

Endlich ist angeordnet, daß die Bergbeamten des Staates in ihrem Verwaltungsbezirke ebensowenig wie ihre Frauen und gewaltunterworfenen Kinder Bergwerke oder Kuxe durch Mutung erwerben dürfen; zu Erwerbungen durch andere Rechtsgeschäfte unter Lebenden bedürfen sie der Genehmigung des Statthalters.

Schluß.

Zum Schluß sei es gestattet, mit einigen Worten die in den letzten 20 Jahren vielfach erörterte Frage zu berühren, inwieweit wohl eine Regelung des Bergrechts im Wege der Reichsgesetzgebung möglich bezw. zu erstreben ist, und ob gegebenenfalls das Ziel solcher Bestrebungen in absehbarer Zeit erreicht werden dürfte.

Einer der unermüdlichsten Vorkämpfer für das Zustandekommen eines Reichsberggesetzes, der verstorbene Wirkliche Geheime Rat Brassert glaubte mit solcher Zuversicht an eine baldige Erfüllung seines Wunsches, daß er in der Vorrede seines im Jahre 1888 erschienenen Kommentars zum preußischen Berggesetz betonen zu müssen meinte, sein Buch sei wohl trotz des in Aussicht stehenden Reichsgesetzes noch nicht als verspätet zu betrachten. In ähnlicher Weise war von einer unmittelbar bevorstehenden reichsgesetzlichen Regelung der Materie der Geheime Bergrat Arndt überzeugt, der auf dem Bergmannstage zu Halle im Jahre 1889 den fertigen Entwurf eines deutschen Reichsberggesetzes vorlegte. Die Notwendigkeit eines solchen wird in zwei weiteren Abhandlungen von Brassert [1]) verfochten, eine gleiche oder doch sehr ähnliche Auffassung vertreten in der Literatur von Klostermann [2]), Mecke [3]), Westhoff [4])

[1]) Kundgebung des Reichstags f. ein deutsches Reichsberggesetz in der Zeitschr. f. Bergrecht Bd. 38, S. 212 ff. und Zur Frage eines deutschen Berggesetzes ebenda Bd. 39, S. 431 ff.

[2]) Vorrede zur 4. Aufl. seines Kommentars z. preuß. Berggesetze.

[3]) Verhältnis d. B.G.B. z. d. Landesges. Zeitschr. Bd. 29, S. 10 ff.

[4]) Zur Frage eines deutschen Reichsberggesetzes Zeitschr. Bd. 41, S. 36 ff.

und Wahle [1]). Der Reichstag hat sich zweimal eingehend mit der Frage beschäftigt und am 11. Dezember 1896 eine Resolution des Inhalts: „Es wolle der Reichstag die Erwartung aussprechen, daß ..... das Bergrecht ..... für das Deutsche Reich baldtunlichst einheitlich geregelt werde", mit großer Mehrheit angenommen. Aus den Debatten ergab sich indes, daß die Majorität des Hauses, welche das Zustandekommen eines Reichsberggesetzes wünschte, die mit einer reichsgesetzlichen Regelung verbundenen Schwierigkeiten in sehr verschiedener Weise überwinden wollte. Der zweimaligen Diskussion ist es daher neben den literarischen Besprechungen in erster Linie zu verdanken, wenn heute der Weg, auf dem allein ein Reichsberggesetz erreicht werden kann, und die Gebiete, welche es notwendigerweise umfassen muß, wenn anders überhaupt von einer Rechtseinheit die Rede sein soll, sich mit annähernder Sicherheit erkennen lassen.

Die Schwierigkeiten eines Reichsberggesetzes dürften teils auf formalen, teils auf materiellem Gebiete zu suchen sein.

In formeller Hinsicht ist zunächst festzustellen, daß das Bergrecht weder ausschließlich dem öffentlichen noch auch allein dem Privatrecht angehört, daß es vielmehr teils öffentlich-rechtlicher, teils privat-rechtlicher Natur ist. Aus diesem Grunde erfordert der Erlaß eines Reichsberggesetzes, daß auch nur den größeren Teil des Rechtsstoffes erschöpfend regeln soll, eine entsprechende Änderung der Reichsverfassung, oder aber es würde die Beschlußfassung über das Gesetz eine solche in sich schließen. In diesem Sinne dürften die Worte zu verstehen sein, welche der Staatssekretär des Reichsjustizamts in

[1]) Ein deutsches Berggesetz; ebenda Bd. 42, S. 49 ff.

der in Rede stehenden Sitzung an den Reichstag richtete: „Wollen Sie Resolutionen von solcher Tragweite hier im Hause beschließen, mit einiger Aussicht darauf, daß ihnen von Seiten der verbündeten Regierungen auch Beachtung geschenkt wird, dann ist es doch nötig, daß Sie zunächst den Boden schaffen, auf dem die verbündeten Regierungen demnächst mit Vorschlägen zur gesetzlichen Regelung der Frage vorgehen können".

Von diesem Gesichtspunkte aus ist doch wohl der Arndtsche Entwurf als verfrüht zu bezeichnen, und auch andere von Reichstagsabgeordneten zur Sache abgegebene Erklärungen erscheinen nicht einwandsfrei.

Von den Abgeordneten von Bennigsen und von Cuny wurde nämlich übereinstimmend betont, daß bei den im Einführungsgesetze zum Bürgerlichen Gesetzbuche als durch das letztere unberührt bezeichneten Rechtsgebieten zwischen solchen zu unterscheiden sei, welche dauernd der Landesgesetzgebung vorbehalten bleiben sollten, und anderen, auf deren Regelung die Reichstagskommission nur vorläufig verzichtet habe, um das schwierige Werk des Bürgerlichen Gesetzbuches nicht von neuem zu gefährden. Wenn die genannten Herren dann im Anschlusse hieran weiter ausführten, nur in dem letzteren Sinne sei der Vorbehalt in den Artikeln 67 und 68 des Einführungsgesetzes zu verstehen, welche somit nur Zweckmäßigkeitsgründen, nicht aber rechtlichen Erwägungen ihre Entstehung verdankten, so erscheint den Erklärungen des Staatssekretärs gegenüber diese Behauptung ebensowenig aufrecht zu erhalten, wie die fernere, daß die Berggesetzgebung wesentlich auf dem Boden des Privatrechts stehe. In dem nämlichen Sinn empfiehlt zwar auch Brassert[1]) „eine richtige Abgrenzung und Beschränkung“ der Bergrechtsreform, doch ist dieser Ausspruch wohl weniger seiner wirklichen Überzeugung, als vielmehr dem Wunsche entsprungen, durch Konzessionen die verfassungsrechtlichen Bedenken der Gegner des Gesetzes zu beseitigen. Die Beschränkung gedachte schließlich der Abgeordnete Hammacher soweit auszudehnen, daß nur mehr das Gewerkschaftsrecht und das Verhältnis des Bergwerkseigentümers zum Grundbesitzer der reichsrechtlichen Regelung verbleiben sollte.

Im Gegensatz zu dieser Auffassung erblickt der sächsische Geheime Finanzrat Wahle[2]) in einem Auseinanderreißen der öffentlich-rechtlichen und der privat-rechtlichen Seite der Berggesetzgebung einen schweren Fehler, der schließlich die Vernichtung des Bergrechts als eines Sonderrechts überhaupt zur Folge haben müsse. Er verlangt deshalb planmäßige Vorbereitung eines Reichsberggesetzes, dessen Hauptvorzug nicht in baldiger Einführung, sondern in möglichst vollständiger Regelung des Gesetzesstoffes zu bestehen habe.

In materieller Beziehung kann das Unternehmen eines Reichsberggesetzes insofern als schon zu einem Teile gelöst betrachtet werden, als die Landesberggesetze einer so großen Anzahl von Bundesstaaten im wesentlichen mit dem preußischen Gesetz übereinstimmen, daß, wie schon angeführt, 93 Prozent des gesamten Deutschen Reiches tatsächlich preußischem Bergrecht unterstehen, während für die Kohlenproduktion das Verhältnis sogar 96 Prozent[3]) beträgt. Diese Übereinstimmung findet ihre natürliche Erklärung in der Tatsache, daß 15

[1]) Zeitschr. f. Bergrecht, Bd. 39, S. 432.
[2]) A. a. O., S. 78—83. [3]) Westhoff a. a. O., S. 39.

deutsche Bundesstaaten — und unter ihnen ja auch Elsaß-Lothringen — in den Jahren 1866—1895 das preußische Berggesetz mehr oder weniger wörtlich übernommen haben. Wahle [1]) erblickt hierin den Ausdruck des richtigen Empfindens, daß es ohne ganz zwingende Hinderungsgründe doch am zweckmäßigsten sei, keine Unterschiede zu schaffen, sondern sich mit dem, was für die meisten, größten und wichtigsten deutschen Bergreviere gelte, tunlichst zu konformieren.

Den sprechendsten Beweis für die Notwendigkeit eines Reichsberggesetzes sowohl wie auch für die Richtigkeit der Behauptung, daß materiell auf einem weiten Gebiete tatsächlich Rechtseinheit herrscht, bildet die Einführung der Revisibilität. Durch Kaiserliche Verordnung vom 28. Nov. 1879 [2]) wurde nämlich bestimmt, daß auf Grund des elsaß-lothringischen Berggesetzes gefällte Urteile der Revision durch das Reichsgericht unterliegen sollten, „weil dasselbe nicht nur in den leitenden Prinzipien, sondern auch in der Fassung der einzelnen Bestimmungen mit dem preußischen Berggesetz übereinstimme; dieser innerliche Zusammenhang aber lasse es zweckmäßig erscheinen, wie für das preußische, so auch für das elsaß-lothringische Berggesetz das Reichsgericht als Revisionsinstanz einzusetzen". Mit der gleichen Begründung wurden durch Reichsgesetz vom 15. März 1881 [3]) die auf Grund der Landesberggesetze von Württemberg, Hessen, Braunschweig, Sachsen-Meiningen, Sachsen-Altenburg, Sachsen-Coburg-Gotha, Anhalt, Waldeck, Reuß j. L. und später auch von Birkenfeld erlassene Urteile für revisibel erklärt.

[1]) A. a. O., S. 55. [2]) Reichsgesetzbl., S. 299.
[3]) Desgl. S. 38.

Wesentlich zugunsten eines Reichsgesetzes können füglich auch nur die Bedenken eines seiner Gegner (des Abgeordneten Hahn) gedeutet werden, welcher hervorhob, daß schon für Preußen die lokalen Verschiedenheiten unverhältnismäßig groß seien. Denn da diese Gegensätze das Zustandekommen der Rechtseinheit in Preußen nicht gehindert haben, so ergibt sich ohne weiteres der Schluß auf die gleiche Möglichkeit auch für ein weiteres Gebiet.

Die größte bei der Herstellung der Rechtseinheit zu überwindende gesetzgeberische Schwierigkeit dürfte in der Notwendigkeit bestehen, daß grundsätzlich von dem preußischen verschiedene sächsische Berggesetz mit jenem in Übereinstimmung zu bringen. Während indes die Sonderbestimmung hinsichtlich des Schürfscheins und des Betriebszwanges, die teilweise abweichende Regelung der Mutung und der Verleihung, der Abtretungspflicht und der seitens der Eisenbahnen zu leistenden Entschädigungen mit Sicherheit auf dem Wege des Kompromisses zu beseitigen sein dürften, scheint etwas ähnliches zunächst schwer möglich betreffs des sächsischen Eigentümerrechts hinsichtlich der Stein- und Braunkohle. „Es muß von vornherein als ausgeschlossen betrachtet werden", sagt hierüber Brassert[1]), „daß in denjenigen Gebieten, in welchen gewisse Mineralien, wie Steinkohle, Braunkohle, Eisenerze, abweichend von der Regel nicht der Bergbaufreiheit, sondern dem Verfügungsrechte des Grundeigentümers unterliegen, diese Rechtsfrage durch einen Akt der Reichsgesetzgebung beseitigt werden sollte". Es dürfte sich also darum handeln, ob dieser Hauptunterschied durch einen beschränkten Vorbehalt zugunsten

[1]) Zeitschr. f. Bergrecht, Bd. 39, S. 439 f.

der Landesgesetzgebung auszuschalten oder aber ob dem Vorgehen des Herzogtums Anhalt zu folgen wäre, welches die dem Eigentümer zustehenden Rechte an der Braunkohle gegen eine vom Bergwerksbesitzer zu zahlende Rente von 6 % des Bruttoertrages aufgehoben hat. — Daß im übrigen auch die auf den Unterschieden zwischen preußischem und sächsischem Bergrecht beruhenden Schwierigkeiten nicht unüberwindlich sein dürften, ergibt sich aus dem Umstande, daß bei Anwendung des sächsischen Berggesetzes die reiche Judikatur, welche über die Auslegung des preußischen Gesetzes ergangen ist, vielfach ohne weiteres benutzt werden kann und benutzt wird [1]).

Nicht eben einen Vorteil für die Einheitsbestrebungen bedeutet es, wenn die sozialdemokratische Fraktion im Reichstage mit diesen einen Teil ihrer Programmforderungen Minimallohn, Schichtdauer, Knappschaftswesen sowie Abschaffung jeder Frauen- und Kinderarbeit, auch über Tage betreffend, verbindet.

Trotz der vorhandenen Schwierigkeiten dürften die materiellen, in der Verschiedenheit des geltenden Bergrechts begründeten Hindernisse den Plan eines Reichsberggesetzes nicht zum Scheitern bringen, da die Vorteile eines solchen für sämtliche Beteiligten eventuelle Konzessionen Einzelner unter allen Umständen aufwiegen würden. Das unvermeidliche Eindringen des Reichsrechts auch in die ausdrücklich vorbehaltenen Materien hat die Landesgesetzgebungen unübersichtlich gemacht, und ein Fortbestehen der letzteren neben dem Bürgerlichen Gesetzbuch, den Reichsjustiz- und Versicherungsgesetzen, dem Handelsgesetzbuch muß mit jeder ferneren gesetzgeberischen Ar-

[1]) Wahle a. a. O., S. 53 f.

heit zu immer neuen Konflikten und Widersprüchen führen. Zudem ist der durch die übereinstimmende Gesetzgebung erreichte Grad von Rechtseinheit keineswegs ohne weiteres für die Zukunft gesichert, wie aus der Nicht-Übernahme der preußischen Novellen von 1898 und 1902 in Elsaß-Lothringen und anderen Bundesstaaten sich ergibt.

Daß die Geltung zweier verschiedener Gesetze für ein Bergwerk, welches unter einer Landesgrenze sich hinzieht, zu sehr merkwürdigen Konsequenzen führen kann, bedarf keiner besonderen Erwähnung. Mit besonderem Nachdruck haben auf den verschiedenen Anwaltstagen die deutschen Rechtsanwälte ein Reichsberggesetz gefordert, da sie kaum noch imstande sind, die Interessen ihrer an Bergwerken verschiedener Bundesstaaten beteiligten Klienten zu übersehen. Endlich ist auch der Bergwerksbesitzer selbst zu gedenken, welche, um Kapitalkräfte über die Landesgrenzen hinüber aus dem ganzen Reiche heranzuziehen, eine nur auf einheitlicher Grundlage mögliche allgemeine Kenntnis des Bergrechts wünschen müssen.

Wesentliche materielle Unterschiede würde ein Reichsberggesetz dem elsaß-lothringischen gegenüber kaum aufzuweisen haben. Für die Einführung eines solchen sprechen neben den juristisch-formalen auch national-politische Gründe in dem Sinne, in welchem Fürst Bismarck einst das Wort sprach: „Je mehr gemeinsame Rechtseinrichtungen wir schaffen, desto mehr befestigen wir das Reich".

Literatur.

Berggesetz für Elsaß-Lothringen vom 16. Dezember 1873.

Brassert, Erläuterungen zum Berggesetz für Elsaß-Lothringen in der Zeitschrift für Bergrecht, Bd. 15, S. 41 ff.

Leoni u. Mandel, Das Verwaltungsrecht von Elsaß-Lothringen.

Bürgerliches Gesetzbuch.

Molitor, Das Gesetz betreffend die Ausführung des Bürgerlichen Gesetzbuchs in Elsaß-Lothringen.

Zivilprozeßordnung.

Grundbuchordnung nebst Ausführungsgesetz.

Denkschrift zum Entwurf der Grundbuchordnung.

Krech, Grundbuchordnung.

Gesetz über die Zwangsversteigerung und Zwangsverwaltung nebst Ausführungsgesetz.

Brassert, Erläuterungen zum preußischen Ausführungsgesetz zum Zwangsversteigerungsgesetz.

Reichsgesetzblatt.

Mitteilungen des Kaiserlichen Oberpräsidiums aus der Verwaltung von Elsaß-Lothringen.

Entscheidungen des Reichsoberhandelsgerichts.

Desgl. des Reichsgerichts in Zivilsachen.

Desgl. des preuß. Obertribunals.

Desgl. der Oberlandesgerichte.

Motive zum Entwurf eines preußischen Berggesetzes.

Bericht der Kommission des preußischen Herrenhauses über den Berggesetzentwurf.

Kommissionsbericht des Abgeordnetenhauses.

Achenbach, Deutsches Bergrecht.

Arndt, Kommentar zum preußischen Berggesetze. II. Aufl.

Brassert, Allgemeines Berggesetz für die preußischen Staaten.
Hahn, Preußisches Berggesetz nebst Materialien.
Klostermann, Kommentar zum preußischen Berggesetze. IV. Aufl.
Derselbe, Lehrbuch des Bergrechts.
Oppenhoff, Kommentar zum preußischen Berggesetz.
Wachler, Kommentar zum preußischen Berggesetz.
Achenbach, Das französische Bergrecht.
Otto Mayer, Theorie des französischen Verwaltungsrechts.
Schenkel, Bergbau in Schönbergs Handbuch der politischen Ökonomie.
Esser, Die Gewerkschaft.
Daubenspeck, Das Reichshaftpflichtgesetz.
Zeitschrift für Bergrecht, Bd. 1—44.
Hieraus besonders:
Raymond, Geschichte des Bergrechts, Bd. 28.
Brassert, Kundgebung des Reichstags für ein deutsches Berggesetz. Bd. 38.
Derselbe, Zur Frage eines deutschen Berggesetzes. Bd. 39.
Westhoff, Zur Frage eines deutschen Reichsberggesetzes. Bd. 41.
Wahle, Zur Frage eines deutschen Reichsberggesetzes. Bd. 42.

Systematische Sammlung

der in

Elsaß-Lothringen geltenden Gesetze.

Herausgegeben im Auftrag des Kaiserlichen Ministeriums.

Erster und zweiter Band

Privatrecht

bearbeitet von

Karl Paffrath und **Franz Großmann,**
Landgerichtsräthe in Straßburg.

I. Band: Lex. 8° XXII, 660 S. 1900. Geheftet *M* 15.—,
in solidem Halbfranzband *M* 17.—.

II. Band: Lex. 8° XXXIV, 1200 S. 1901. Geheftet *M* 24.50,
in solidem Halbfranzband *M* 26.50.

In Vorbereitung:

Dritter Band

Öffentliches Recht, 1. Teil:

Allgemeine Bestimmungen über das Finanzwesen, die direkten Steuern und Verkehrssteuern, sowie verwandte Materien

bearbeitet von **Karl Jacob,** Ministerialrat.

Lex. 8° ca. 35 Bogen.

Die Einführung des Bürgerlichen Gesetzbuchs hat auch eine neue Bearbeitung der alten Möller'schen Gesetzsammlung nötig gemacht, da sie durch die neue Gesetzgebung und die damit verbundene Aufhebung einer großen Anzahl alter Gesetze nur noch in beschränktem Umfange gebrauchsfähig war. Auf Anweisung des Kaiserlichen Ministeriums erscheint die neue Ausgabe nicht mehr chronologisch, sondern systematisch nach den einzelnen Rechtsmaterien geordnet.

Ausführungsgesetze.

Das Gesetz, betreffend die Ausführung des Bürgerlichen Gesetzbuchs in Elsaß-Lothringen vom 17. April 1899 in der Fassung der Bekanntmachung des Kaiserlichen Statthalters vom 22. Dezember 1899. Erläutert von Hugo Molitor, Kaiserl. Landgerichtsrath in Straßburg. 8°. XXIV, 595 S. 1900.

Geheftet ℳ 10.50, in Leinwand gebunden ℳ 11.—.

„Die Bedeutung des nunmehr zum Abschluß gelangten Werkes dürfte den reichsländischen Juristen aus der Praxis genügend bekannt sein. Die den Kommentatoren gegebenen Grenzen weit überschreitend, hat Verfasser neben den eigentlichen Erläuterungen zu den Paragraphen eine systematische Entwicklung des ganzen berührten Rechtsgebiets gegeben, wie sie gründlicher kaum geboten werden kann . . ."

Jur. Zeitschr. f. d. Reichsl. Elf.-Lothr. XXV, 9/10.

„. . . Jetzt erst läßt sich ein Ueberblick über die Arbeit gewinnen, die Kommentar und Lehrbuch zugleich ist. Bei den Vorschriften zum Sachenrecht wird eine systematische Entwicklung des gesammten Grundeigenthumsrechts unter besonderer Behandlung des Zwischenrechts, bei denjenigen zum Familienrecht eine solche des ehelichen Güterrechts eingefügt, Abhandlungen, die durch ihre Gründlichkeit, Vollständigkeit und Uebersichtlichkeit für das Studium das beste Hülfsmittel sind . . ."

Zeitschr. f. Deutsches bürgerl. Recht u. franz. Civilrecht XXXI, 3.

„Der treffliche Kommentar zum elsaß-lothringischen Ausführungsgesetz von Molitor ist jetzt vollendet."

A. v. Thur, Deutsche Juristenzeitung V, 17/18.

„. . . Der Bearbeitung des vorliegenden Kommentars, dessen Verfasser an der Vorbereitung des G. in hervorragender Weise betheiligt war, haben die gesammten Materialien des Ministeriums zu Grunde gelegen. Sie bilden naturgemäß das beste Auslegungsmittel und sind deshalb in ausführlicher Weise verwendet. Außer diesen enthalten die Bemerkungen die Darstellung des derzeitigen Rechtszustandes sowie die Berührungspunkte mit der Reichsgesetzgebung insbesondere dem Bürgerlichen Gesetzbuch und seinen Nebengesetzen . . ." Centralblatt für Rechtswissenschaft, Bd. 18, Heft 10.

Das elsaß-lothringische Gesetz, betreffend die Ausführung des Reichsgesetzes über die Angelegenheiten der freiwilligen Gerichtsbarkeit vom 6. November 1899 nebst den zugehörigen Ausführungsverfügungen. Auf amtliche Veranlassung erläutert von Hugo Molitor, Oberlandesgerichtsrath. 8°. X, 242 S. 1901.

Geheftet ℳ 4.50, in Leinwand gebunden ℳ 5.—.

Ausführungsgesetze (Fortsetzung).

Im Mai 1905 erscheint:

Das Gesetz für Elsaß-Lothringen betreffend die Änderung verschiedener Justizgesetze vom 13. Febr. 1905 (Justiznovelle) nebst Ausführungsverordnung und Materialien auf amtliche Veranlassung mit Erläuterungen herausgegeben von Hugo Molitor, Geh. Regierungsrat im Ministerium für Elsaß-Lothringen. 8°. ca. 10 Bogen. 1905.
Kartonniert ca. *M* 3.50.

Inhalt: I. Gesetz betr. die Änderung verschiedener Justizgesetze (Justiznovelle): Art. 1 (Notariats-Gesetz v. 23. XII. 1873 §§ 9, 10). — Art. 2 (Ausf.-Ges. zum Gerichtsverfassungsgesetz v. 4. XI. 1878). — Art. 3 (Ausf.-Ges. zum B.G.B. § 40, § 40a, Exkurs). — Art. 4 (Ausf.-Ges. zum Reichsges. über die Angel. der freiw. Gerichtsbarkeit, § 28, § 28a, § 56). — Art. 5 (Ausf.-Ges. zur Z.P.O. und K.O. § 7). — Art. 6 (Gerichtskostengesetz für Els.-Lothr.). — Art. 7 (Gebührenordnung für die Notare). — Art. 8 (Schlußbestimmung).

II. Ausführungsverordnung. Verfügung des Ministeriums, betr. das Notariat und das Verfahren in Angel. der freiw. Gerichtsbarkeit, v. 28. II. 1905.

III. Materialien.

Die Elsaß-Lothringischen Ausführungsgesetze und Verordnungen zu den Reichs-Justizgesetzen nebst einigen weiteren Gesetzen über Gewerbegerichte, Forststrafrecht, Erbbescheinigungen, Feld- und Fährpolizei-Übertretungen, Vormundschaften und Zwangsenteignung. Textausgabe mit französischer Übersetzung und Anmerkungen. Zweite verbesserte und vermehrte Auflage. — Les lois et ordonnances d'exécution des lois de justice de l'Empire d'Allemagne et les lois concernant les Prud'hommes, de Droit pénal forestier, les Certificats de Qualité d'héritier, les Contraventions en matière de police rurale et des bacs et bâteaux, les Tutelles et l'Expropriation pour cause d'utilité publique. Texte allemand et français avec annotations. 2e édit. revue et augmentée. 8°. 445 S. 1887.
Geheftet *M* 5.—, gebunden *M* 6.30.

Siehe auch Bürgerliches Gesetzbuch S. 3.

Baurecht.

Das Elsaß-Lothringische Baurecht, enthaltend eine systematische Darstellung der auf Bauten bezügl. Vorschriften des öffentlichen und Privatrechts, sowie eine Zusammenstellung

Baurecht (Fortsetzung).

der zugehörigen Gesetze und Verordnungen in deutscher Übersetzung. Herausgegeben von R. Förtsch, Kammerpräsident in Metz, und M. Caspar, Abteilungsbaumeister in Straßburg. 8°. XII, 394 S. 1879. Vergriffen.

Neue Bearbeitung in Vorbereitung.

Bürgerliches Gesetzbuch.

Siehe S. 3 und Ausführungsgesetze S. 4.

Erbbescheinigungen.

Gesetz, betreffend die Ausstellung gerichtlicher Erbbescheinigungen und die Zuständigkeit der Amtsgerichte vom 10. Mai 1886. — Loi sur la délivrance de certificats judiciaires constatant la qualité d'héritier et la compétence des tribunaux cantonaux du 10 mai 1886. Texte allemand et français. 8°. 11 S. 1886. Kart. ℳ —.50.

Erbschaftssteuergesetz.

Das Erbschaftssteuergesetz für Elsaß-Lothringen. Im amtlichem Auftrage erläutert und herausgegeben von Karl Jacob, Ministerialrath. Zweite, gänzlich umgearbeitete Auflage unter Zugrundlegung der Fassung vom 17. Juni 1900. 8°. VIII, 236 S. 1900. Geheftet ℳ 4.50, gebunden in Ganz-Leinwand ℳ 5.—.

Feld- und Fährpolizei.

Gesetz, betr. die Bestrafung von Zuwiderhandlungen gegen die Vorschriften der Feld- und Fährpolizei, vom 30. März 1887.

Siehe Ausführungsgesetze zu den Reichsjustizgesetzen.

Feldpolizeistrafgesetz vom 9. Juli 1888. Mit Anmerkungen nach amtlichen Quellen bearbeitet. 8°. 45 S. Vergriffen.

Fischereigesetz.

Das Gesetz für Elsaß-Lothringen, betr. die Fischerei, vom 2. Juli 1891. Im Auftrag des Ministeriums, Abtheilung für Finanzen, Landwirthschaft und Domänen, erläutert und herausgegeben von Freiherrn von Bibra, Ministerialrath, und Lichtenberg, Regierungsassessor. 8°. VI, 111 S. 1893. Amtliche Ausgabe. Geheftet ℳ 3.—, in Ganz-Leinwand gebunden ℳ 3.50.

Forststrafrecht. S.: Ausführungsgesetze zu den Reichsjustizgesetzen.

Freiwillige Gerichtsbarkeit.

Siehe: Ausführungsgesetze S. 4 und Bürgerliches Gesetzbuch Seite 3.

Fuhrwesen.
Die in Elsaß-Lothringen geltenden Gesetze über das Fuhrwesen. Übersetzt und herausgeg. im Auftrage des kaiserl. Oberpräsidiums. 8°. 52 S. 1877. Kart. ℳ —.60.

Gemeindegesetzgebung.
Die Gemeindeordnung für Elsaß-Lothringen vom 6. Juni 1895 nebst den zu derselben ergangenen Ausführungsbestimmungen. Bearbeitet von A. Halley, Kais. Geh. Oberregierungsrath, Kommissar des Kaiserlichen Statthalters von Elsaß-Lothringen beim Bundesrath. 8°. VIII, 379 S. 1896. Vergriffen.
Neue Bearbeitung von Dr. Bruck erscheint im Herbst 1905.

Gewerbegerichte. S.: Ausführungsgesetze zu den Reichsjustizgesetzen.

Grundbuchordnung. Siehe: Bürgerliches Gesetzbuch S. 3.

Grundeigentum und Hypothekenwesen.
Die elsaß-lothringischen Gesetze betreffend Grundeigenthum und Hypothekenwesen sowie die Einrichtung von Grundbüchern nebst den Kostengesetzen und Ausführungsverordnungen. Mit Erläuterungen herausgegeben von A. Leoni, k. Ministerialrath. 8°. VIII, 248 S. 1892. In Glanz-Leinwand gebunden ℳ 4.—.

Jagdgesetze.
Das Elsaß-Lothringische Jagdgesetz. Textausgabe mit französischer Uebersetzung und Anmerkungen von einem Mitgliede des Landesausschusses. — Loi sur l'exercice du droit de chasse en Alsace-Lorraine. Texte allemand et français avec annotations par un membre de la Délégation. 8°. 31 S. 1881. Kart. ℳ —.80.
Das Elsaß-Lothringische Jagdpolizeigesetz nebst der darauf bezüglichen Verordnung. Textausgabe mit französischer Uebersetzung und Anmerkungen von einem Mitgliede des Landesausschusses 2. Auflage. — Loi et ordonnance ministérielle sur la police de la chasse. Texte allemand et français avec annotations par un membre de la Délégation. 2e édit. 8°. 41 S. 1883. Kart. ℳ —.80.

Katastergesetz.
Das Elsaß-Lothringische Katastergesetz vom 31. März 1884 und das Gesetz vom 6. April 1892 betreffend Abänderung des Katastergesetzes sowie Ausgleichung der Grundsteuer. Text mit französischer Uebersetzung und Anmerkungen von Dr. Wilhelm Gunzert, Mitglied des Landesausschusses. — Loi sur le renouvellement du cadastre

Katastergesetz (Fortsetzung).
en Alsace-Lorraine du 31 mars 1884 et sur la Péréquation des impôts fonciers du 6 avril 1892. Texte allemand et français avec annotations par Guill. Gunzert, député à la Délégation. 8°. 102 S. 1892. Kart. M 1.—.

Kirchenrecht.
Das Staatskirchenrecht in Elsaß-Lothringen. Zusammenstellung der betreffenden Gesetze, Verordnungen, Staatsrathsgutachten und Ministerialverfügungen. Im Auftrage des Oberpräsidenten übersetzt und herausgegeben von E. Dursy, Kaiserl. Ministerialrath.
I. Katholischer Cultus. 8°. 1876. Vergriffen.
II. Protestantischer Cultus. 8°. XXII, 624 S. 1879. M 8.—.

Strafgesetze.
Schöffenbüchlein für Elsaß-Lothringen. Ein Hilfsbuch für Schöffen, Amtsrichter, Amtsanwälte, Rechtsanwälte, Bürgermeister und Polizeikommissare, von R. Förtsch, Landgerichtsdirektor in Metz. — Manuel des échevins, d'Alsace-Lorraine. Guide pour Messieurs les échevins, juges et procureurs cantonaux, avocats, maires et commissaires de police. Traduction française par G. Gunzert, président de Chambre à Strasbourg. 8°. 432 S. 1881. Kart. M 2.40

Verwaltungsrecht.
Theorie des französischen Verwaltungsrechts. Von O. Mayer, Professor des französischen Rechts an der Universität Strassburg. Gr. 8°. X, 533 S. 1886. M 10.—.

Vormundschaften.
Siehe: Ausführungsgesetze zu den Reichsjustizgesetzen.

Wassergesetz.
Das Gesetz für Elsaß-Lothringen, betr. Wasserbenutzung und Wasserschutz, vom 2. Juli 1891. Im Auftrag des Ministeriums, Abtheilung für Finanzen, Landwirthschaft und Domänen, erläutert und herausgegeben von den Ministerialräten Jacob und Fecht. Mit Anhang, enthaltend die sonstigen wassergesetzlichen Vorschriften, die Ausführungsbestimmungen und eine Uebersicht über die Eintheilung der Wasser- und der Meliorationsbauverwaltung. 8°. IV, 180 S. 1892. Amtliche Ausgabe. Brosch. M 3.—, in Ganz-Leinwand gebunden M 3.50.

Zwangsenteignung und Zwangsvollstreckung.
Siehe: Ausführungsgesetze zu den Reichsjustizgesetzen.

Zwangsversteigerung und Zwangsverwaltung.
Siehe: Bürgerliches Gesetzbuch S. 3.

FSC
www.fsc.org
MIX
Papier | Fördert gute Waldnutzung
FSC® C083411

Kolibri 360 GmbH
Ferdinand-Jühlke-Straße 7
99095 Erfurt, Deutschland
produktsicherheit@kolibri360.de